KB124052

조선사 스무고개

고소설 연구자가 발견한 역사의 조각들

봉수대

한양 구경

주막   얼음   유리

암호

청어

과거 시험   **조선사**   호랑이

뗏목

갓   **스무고개**

불경

도적

황산대첩비   『삼국유사』

판소리   세책   달력

점   방각본

한뼘책방   이윤석 지음

서문

　모든 국가나 민족은 자신의 역사를 다양한 방법으로 전하려고 노력해 왔다. 국가나 민족처럼 큰 단위가 아니더라도 각 사회나 씨족은 물론이고, 개인도 자신의 역사를 정리한다. '한국사'나 '한국사상사' 같은 큰 주제의 역사책도 있고, 회사나 학교에서 펴낸 50년사나 100년사 같은 책도 있으며, 개인의 일기도 출판해서 공개하는 일이 있다. 이처럼 책으로 간행된 역사서를 통해서 과거의 흐름을 이해할 수 있는데, 이들 역사 관련 서적은 대체로 국가의 운명이나 사상의 흐름과 같은 커다란 주제를 다루고 있어서, 그 시대를 살아가는 사람들의 구체적인 일상이 어떠했는지는 그런 책을 통해 파악하기가 어렵다. 특히 당대에는 누구나 알고 있는 소소한 일은 오히려 따로 기록해 둘 필요를 느끼지 않았기 때문에, 이와 같은 소소한 일상이 어떠했는지 잘 모르는 경우가 많다.

　조선시대 서민의 삶에 대한 문헌 자료를 구하기는 매우 어렵다. 글을 써서 기록을 남길 수 있는 상층 지식인들은 자신들의 명예나 이해가 걸린 정치적 이념의 문제는 아무리 작은 것이라도 장황하게 써 두었지만, 그런 것 이외에는 별로 관심을 두지 않았으므로 서민의 일상생활을 기록해 두는 일은 거의 없었다. 조선시대 공식 문자는 한자였기 때문에, 당대의 기록은 대부분 한문으로 되어 있다. 그러므로 한문을 능숙하게 구사할 수 없는 사람들은 애초에 기록을 남길 방도가 없었다. 조선시대 사람들의 일상이 어떤 모습이었나를 알아보려고 하면, 의외로 자료가 없는 경우가 많다.

필자는 고소설 연구자로 오랫동안 옛날소설을 읽었는데, 고소설을 읽다 보면 정확하게 의미를 알 수 없는 내용이 꽤 많다. 고소설 연구를 위해서는, 이와 같이 의미가 불분명한 대목을 정확하게 이해하지 않으면 안 된다. 이를 위해 필자는 오랫동안 고소설의 주해 작업을 하면서, 다양한 서적을 읽고, 많은 자료를 조사했다. 모르는 단어의 뜻을 알아내기 위해서는 기존에 나와 있는 각종 사전을 면밀하게 검토해야 하고, 제도나 규범에 관한 내용을 이해하기 위해서는 조선시대에 나온 관련 서적들을 확인해야 하며, 이런 것과 연관된 전문 학술서나 연구 논문도 참고해야 한다. 어떤 것은 끝내 알 수 없는 것도 있지만, 이 과정에서 새롭게 알게 된 것 또한 많았다. 이렇게 고소설 연구 과정에서 얻은 '부산물'이라고도 할 수 있는 자료의 양이 제법 되었다. 마침 「월간 중앙」에서 이런 내용을 발표할 지면을 내주어서, 지난 2년 동안 매달 쓴 글을 한 권의 책으로 엮게 되었다.

이 책에 들어 있는 내용은 유명한 것이 아니다. 저명한 인물이나 역사적인 사건, 또는 중요한 유물이나 주류의 이념 등이 아니라, 당대에는 흔했지만 지금은 쉽게 알 수 없거나 사라진 것에 관한 내용을 주로 담았다. 그러므로 이 책이 참고 자료로 삼은 것은 조선시대 저명한 인물이 쓴 뛰어난 저술보다는, 서울과 지방에서 주고받은 문서나 죄인들을 문초한 내용을 적어 놓은 살인사건 조사서와 같이 덜 중요하다고 여겨지는 것들이 많다. 그리고 조선 말기에 조선을 찾은 외국인들이 쓴 '조선 여행기'라든가, 잘 알려지지 않은 인물이 쓴 여행기 등에서 찾아낸 내용을 바탕으로 쓴 것도 있다. 또 하나 빼놓을 수 없는 것은 고소설인데, 한글 고소설에는 당대 서민의 삶을 엿볼 수 있는 단편적인 내용들이 들어 있으므로, 거기에서 아이디어를 가져온 것도 있다.

책 제목을 『조선사 스무고개』라고 한 것은, 이 책에 담은 스무 가지 이야기를 하나하나 읽다 보면 조선이라는 나라를 조금 더 잘 이해할 수 있게 되리라고 생각해서 붙여 본 것이다. 거대 담론이 사라진다고는 하지만, 조선 후기의 역사 서술은 거대 담론으로 가득 차 있는 것이 현실이다. 당쟁과 세도정치 그리고 외세의 침입과 식민지의 역사 속에서도 사람들은 계속 살고 있었으므로, 그때 그 사람들의 일상이 어떠했는지를 잘 살펴보는 것도 후대인들의 의무 가운데 하나일 것이다. 이 책이 조선시대 사람들의 지워진 일상을 복원하는 데 작은 도움이 되길 바란다.

2023년 1월

이윤석

차례

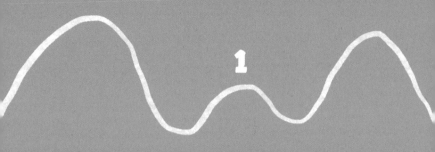

암호

1902년 5월 12일, 대한제국 육군의 암구호는?

대한민국에서 병역의 의무를 현역으로 마친 사람이라면, '암구호'가 무슨 뜻인지 모르는 사람은 없을 것이다. 암구호는 군대에서 쓰이는 암호로, 묻고 답하는 두 개의 단어로 구성된다. 캄캄한 밤중에 보초 근무를 서는 병사에게 다가오는 사람이 있을 때, 보초병은 상대가 아군인지 적군인지 알기 어렵다. 이때 미리 정해 놓은 암구호로 묻는다. 예를 들어 오늘의 암구호가 '나비/바다'라면, 보초병은 '나비'라고 묻는다. 상대방이 '바다'라고 대답하면 아군임이 밝혀진 것이지만, 만약 답변을 못하거나 '바다'가 아닌 다른 단어를 대면 우리 편이 아닌 것으로 간주한다. 이처럼 아군과 적군을 구별해 주는 암구호는 군대에서 대단히 중요한 기밀 사항이므로, 밖으로 이 정보가 새어 나가지 않게 매우 주의한다. 암구호는 매일매일 바뀌고, 정해진 시간에 군대 전체에 배포되어 대한민국 군인이라면 모두가 이를 알고 있어야 한다.

동서양을 막론하고 군대의 암호에 관한 이야기는 많은데, 그중 『삼국지』의 '계륵(鷄肋)'이 유명하다. 조조가 한중 땅을 놓고 유비와 싸우는 중에 나아갈지 물러설지를 결정하지 못하고 있을 때였다. 부하가 조조를 찾아와 그날 밤의 암호를 알려 달라고 하자, 조조는 '계륵'이라고 답했다. 또 다른 부하 양수가 이날 밤의 암호가 계륵이라는 말을 듣고는 바로 짐을 싸서 철수를 준비했다. 계륵은 '닭의 갈비'로, 먹을 것은 별로 없지만 그냥 버리기는 아까운 것을 가리킬 때 쓴다. 즉, 한중 땅에 대한 조조의 심정이 계륵이라는 암호에 드러난 것이었다. 과연 양수가 예측한 대로 다음 날 조조는 군대를 철수시켰다.

조선시대의 군호

조선시대 군대에도 암구호와 같은 것이 당연히 있었다. 이를 '군호(軍號)'라고 하며, 옛날 문헌에는 그에 관한 기록이 자주 보인다. 필자는 우연히 조선시대의 군대 문서 몇 장을 발견했는데, 말단 부대에서 기록해 놓은 일지와 보고서였다. 그 가운데 그날그날의 군호와 이를 전달한 과정을 기록해 놓은 것이 있어서 흥미를 끈다.

조선시대에는 지금의 국방부에 해당하는 병조에서 군호를 관리했다. 매일 오후 4시 무렵 병조에서 3품 이상의 당직 관리가 그날의 군호를 써서 승정원에 올리면, 임금이 직접 결재했다. 결재가 난 군호는 29장을 만들어서, 국왕이 보는 것 2장을 제외한 나머지 27장은 각 부서의 담당자에게 매우 은밀하게 전했다.

군호는 흘려 쓰거나 초서로 쓰는 것은 절대로 금했다. 왜냐하면 한자를 흘려 쓰면 사람에 따라 다르게 읽을 가능성이 있기 때문이다. 그러나 이런 규정에도 불구하고 때때로 초서로 쓰거나 흘려 써서 문제가 되는 일이 있었다. 글자를 잘못 써서 담당 관리가 처벌받은 예를 보기로 한다.

정조 18년(1794) 5월 22일, 이날 군호는 '경점(更點)'이었다. 대궐을 순찰하는 장교가 군사에게 군호를 물었더니, 한 곳은 '경점'이라고 대답했고, 다른 한 곳은 '경묵'이라고 답했다. 경묵이라고 잘못 대답한 이유를 확인해 보니, '점(點)' 자를 비슷하게 생긴 '묵(默)' 자로 혼동하여 일어난 일이었다. 이 일로 담당자 두 사람이 귀양을 갔다.

군호에 관한 제반 규정은 매우 엄격해서, 왕이 군호를 결재할 때는 재상이라 하더라도 이를 볼 수 없었다. 『임하필기』라는 방대한 저서를 남긴 조선 말기의 인물 이유원은, 1880년 1월 어느 날 고종을 면담한다. 이 자리에는 당시 일곱 살의 세자(후에 순종)도 함께 있었다. 이때 군호의 결재가 올라왔는데, 고종은 옆에 있던 이유원에게 군호를 본 일이 있는지 물었다. 이유원은, 군사 담당자가 아니면 현직 재상이라도 군호는 볼 수 없는 것이라고 대답한다. 이처럼 좌의정과 영의정을 모두 지내고 당시 영중추부사라는 높은 지위에 있던 인물도 군호는 볼 수 없는 것이 규정이었다.

군호와 관련된 재미있는 자료로 현재 경기도 유형문화재 제150호로 지정된 것이 있다. 이 자료는 1794년 5월 3일 당시 병조참의 윤장렬이 군호의 결재를 받기 위해 작성한 문서이다. 그날 정조에게 올린 군호는 '장양(長養)'이었다. 당시 다섯 살이었던 왕자(후에 순조)가 정조 곁에 있었는데, 왕자가 이 결재 서류에 '태평(太平)'이라고 두 글자를 쓰고 그 밖의 낙서도 했다.

고종 때 세자가 임금 옆에서 군호를 볼 수 있었던 것과 마찬가지로 정조도 왕자에게 군호를 보여 주었던 것이다. 조선시대 왕은 어린 아들을 집무실에 데리고 나와 나랏일을 어떻게 처리하는지 보여 줌으로써, 후에 아들이 임금이 되었을 때 나라를 잘 다스리도록 가르쳤음을 알 수 있다.

세책의 종이가 두꺼운 까닭

군호와 고소설은 아무 관련이 없지만, 필자가 발견한 대한제국 군대 문서가 고소설에 붙어 있던 것이므로 고소설을 먼저 언급하기로 한다.

조선시대 한글소설은 여러 종류가 있어서, 『춘향전』이나 『홍길동전』같이 한글로 창작한 소설이 있는가 하면, 『삼국지』나 『수호전』처럼 중국 소설을 번역한 것도 있다. 번역 소설 가운데 하나인 『설인귀전』은 당나라 시대의 장군 설인귀를 주인공으로 한 작품이다. 중국에서 매우 인기가 높았으며, 조선에서도 꽤 인기를 끌었다. 현재 몇 가지가 남아 있는데, 그 가운데 이화여자대학교 도서관에서 소장하고 있는 『설인귀전』은 상당히 중요한 자료이다.

이화여자대학교 도서관에는 1939년 1월 26일 도서관 서고에 들어왔다는 스탬프가 찍혀 있는 한글소설들이 있다. 이 한글소설들이 도서관에 처음 들어왔을 때는 100권 이상이었을 텐데, 전쟁 등 여러 변란 속에서 없어지고 지금은 30권 정도만 남아 있다. 이 책들은 현재 서울 성동구 금호동 지역에 있던 도서대여점에서 20세기 초에 빌려주던 것으로, 모두 붓으로 쓴 한글소설이다.

조선시대 도서대여점은 1750년 무렵 서울에서 처음 생겨났다. 이 도서대여점을 '세책집'이라고 불렀는데, 세를 받고 책을 빌려주는 집이라는 의미이다. 세책집에서 빌려주던 책의 특징 중 하나는 모두 손으로 썼다는 점이다. 그러다가 1910년대에 인쇄한 책이 등장했고, 그때부터는 필사한 책과 인쇄한 책 모두 빌려주다가 1930년대에 이르러 필사한 책은 도서대여점에서 사라져 버렸다. 이제 대부분의 책은 인쇄본으로 유통되었다.

1939년 1월 이화여자전문학교 도서관에 들어온 한글소설은 붓으로 쓰는 전통 방식으로 제작한 마지막 시기의 책이었다. 앞에서 말한 『설인귀전』은 바로 이 금호동 세책집에서 빌려주던 것이다. 세책에는 권말에 책을 필사한 날짜를 적는데, 이 책에는 1908년에 필사했다는 기록이 있다.

세책집의 책은 일반 책과 비교해서 몇 가지 특징이 있는데, 가장 큰 특징은 책을 매우 튼튼하게 만들었다는 점이다. 많은 사람이 빌려 가는 책이므로 웬만해서는 찢어지거나 상하지 않도록 제작했다. 표지는 말할 것도 없고, 본문도 내용을 필사한 다음 뒤에 다른 종이를 덧대서 두껍게 만들었다. 이렇게 본문이나 표지를 보호하기 위해 덧댄 종이를 '배접지'라고 부를 수 있겠는데, 글씨나 그림을 표구할 때 뒷면에 덧대는 종이를 생각하면 된다. 현재 남아 있는 조선 말기 세책을 조사하면서 배접지로 쓰인 종이를 확인해 보니, 그 종류가 매우 다양했다. 관

청에서 폐기한 문서, 시효가 지난 장부, 못쓰게 된 책, 인쇄가
잘못된 종이 등 여러 가지이다. 이 가운데 가장 많은 것이 관청
에서 폐기한 문서들이다.

이화여대 소장본 『설인귀전』도 세책집에서 빌려주던 것이
었으므로 표지와 본문을 배접해서 만들었다. 그런데 세월이
오래되어 책의 가운데가 터져 배접지가 드러났고, 그 안의 내
용을 볼 수 있게 되었다. 필자가 그 책을 처음 본 것은 1983년
인데, 이때는 세책이 무엇인지 제대로 몰랐으므로 왜 그렇게
책을 두껍게 만들었는지 알 수 없었다. 그리고 배접지로 사용
한 종이가 군대에서 사용했던 것임은 알았지만, 왜 그런 종이
를 덧붙였는지는 알지 못했다. 그러다가 1990년대 말쯤 조선
시대 세책에 대한 지식이 어느 정도 쌓이자 비로소 이화여대
소장본 『설인귀전』의 배접지가 어떤 의미를 갖고 있는지 알게
되었다.

배접지에서 발견한 대한제국 군대 문서

1908년 서울 금호동의 세책집에서 제작해서 빌려주던 『설
인귀전』의 본문 배접지는 거의 모두 대한제국 군대 문서이다.
이화여대 소장본을 해체해서 배접지의 내용을 다 확인할 수
있다면 좋겠지만, 대학 도서관의 책을 함부로 해체할 수는 없

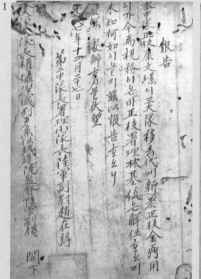

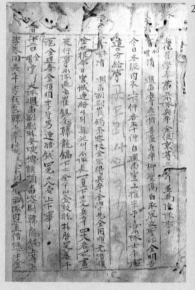

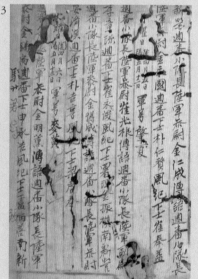

20세기 초 서울의 금호동 세책집에서
빌려주던 『설인귀전』이다.
책이 낡아 해지면서 비로소 안에
덧대어 사용한 배접지가 드러났는데,
조사해 보니 대한제국 군대의 문서들이었다.
1번은 보고서, 2번은 일지,
3번은 군호 일지이다.
이화여자대학교 도서관.

으니 앞에서 이야기한 것처럼 책이 찢어지거나 터져서 안쪽이 드러난 부분의 내용만을 확인할 수 있다. 필자가 사진을 찍어 둔 것은 다섯 장인데, 여기에 들어 있는 내용은 크게 세 가지이다. 첫째는 상부에 보낸 보고서와 이를 결재한 문서로 두 장이 있고, 둘째는 부대의 일지 한 장이며, 셋째는 군호를 전달한 일지 두 장이다.

첫째, 보고서이다.

이 보고서는 평양에 주둔하고 있던 진위(鎭衛)제4연대 제2대대의 문서로, 제2중대장 서리 육군 부위 조재돈이 대대장 홍창걸에게 광무 7년(1903) 12월 27일에 올린 결재 서류이다. 그 내용은 정교 강문경이 3대대로 옮겨 가고 대신 새로 정교 김필용이 지금 사무를 보고 있으니, 정교 서리 임기준을 해임할 것인가를 묻는 것이다. 이 보고에 대해서 해임하라는 대대장의 결재 내용이 뒤에 붙어 있다.

둘째, 일지이다.

이 문서는 서울의 시위(侍位)제1연대 제1대대에서 1904년 2월에 작성한 일지이다. 이 문서는 먼저 양력 날짜와 요일 그리고 날씨를 적고, 음력 날짜는 난외에 썼다. 1896년부터 양력을 쓰기 시작했으나 이때까지는 아직 음력을 많이 썼으므로 참고로 적은 것으로 보인다. 날씨 다음에 문서를 작성한 부서 근무자의 직책과 계급, 이름을 적은 다음 그날 있었던 일을 썼다. 2월 10일에는 겨울 내복 50벌을 주번실에서 받아서 각 소대 사병에게 나눠 주었다고 적었다. 11일에는 궁성까지 행진하는 일이 있었는데, 이때 동원된 인원과 필요한 경비의 액수를 기록했다.

셋째, 군호 일지이다.

군호 일지는 먼저 요일과 날짜를 쓰고, 그다음에 군호를 적고, 이 군호를 전달한 사람들을 순서대로 나열하는 형식으로 되어 있다. 이 내용이 등장하는 원문과 번역문은 다음과 같다.

月曜日(陰四月五日, 陽五月十二日) 軍號 肇夏

週番小隊長陸軍參尉崔光根 傳語週番小隊長陸軍副尉李章珍 週番下士崔永俊 風紀下士署理金振模 南新營週番小隊長陸軍參尉金得成 傳語週番小隊長陸軍參尉安濟漢 週番下士朴吉亨 風紀下士梁啓奉.

월요일(음력 4월 5일, 양력 5월 12일) 군호 '조하'

주번소대장 육군 참위 최광근은 주번소대장 육군 부위 이장진, 주번하사 최영준, 풍기하사 서리 김진모에게 전했고, 남신영 주번소대장 육군 참위 김득성은 주번소대장 육군 참위 안제한, 주번하사 박길형, 풍기하사 양계봉에게 전했다.

이 문서에는 연도가 나와 있지 않지만 양력 5월 12일이 음력 4월 5일인 해를 찾아보니 1902년임을 알 수 있었다. 또, 이장진과 안제한 등의 장교가 1902년에 어느 부대에 근무했는지를 『승정원일기』에서 확인해 보니, 이들은 평양에 주둔한 진위연대 소속이었다. 1902년 5월 12일 대한제국 육군의 군호는 '조하(肇夏)'였고, 이튿날인 5월 13일은 '맥황(麥黃)'이었다. 조하는 초여름을, 맥황은 보리가 누렇게 익은 것을 말한다. 둘 다 시절에 잘 맞는 군호이다.

대한제국 군대 군호의 의미

앞에서 말한 자료를 군사 관련 전문 연구자가 보면 좋겠다고 생각해서, 7~8년 전에 한 연구소에 보내 준 적이 있다. 당시 필자로서는 꽤 흥미로운 자료이니 그 분야 연구자라면 관심을 갖지 않을까 하는 기대를 했었다. 까맣게 잊고 있다가 이 글을 쓰면서 그 일이 떠올라 대한제국 군대의 일지나 보고서에 관한 글이 있나 찾아보았는데, 아직까지는 보이지 않는다.

『설인귀전』의 배접지로 쓰인 대한제국 군대 문서의 내용은 대부분 일상적이고 사소한 일들이다. 병졸이 제대하면 어떻게 충원했는가, 군호는 어떻게 전달되었는가, 매일 몇 명의 시위연대 군사가 궁성까지 행진했는가, 그리고 여기에 얼마의 경비를 지급했는가와 같은 것이다. 또 이 문서에 등장하는 인물 중 가장 높은 계급은 대대장인 부령(현재의 중령)이고, 나머지는 중대장 이하 위관급 장교와 부사관, 그리고 병졸들이다. 즉, 대한제국 군대의 진로를 결정하는 지도부의 인물들은 아니다.

그렇다면 1902년 5월 12일 대한제국 군대의 군호가 '조하'라는 사실이나, 1904년 2월 10일 평양에 주둔한 진위연대의 한 중대에서 내복 50벌을 지급했음을 알아내는 일이 대한제국 군대를 이해하는 데 무슨 도움이 되는지 물을 수도 있다. 필자는 이런 문서가 그저 호사가의 호기심을 충족시키는 일만은 아니라고 생각한다. 대한제국 군대의 말단 부대가 어떻게 운용되었는지 모르면서, 이 시기 군대의 실상을 제대로 파악했다고 말하기는 어렵다. 이와 같은 문서가 이제까지 발견된 일이 없었으니 연구자들이 다루지 않았을 뿐이다. 본격적으로 이런 문서를 발굴해서 연구한다면 대한제국 군대의 실상을 좀 더 자세히 그리고 정확하게 이해할 수 있을 터이다.

필자가 육군에 입대한 1968년 무렵에 대한민국 군대의 암구호는 영어 단어여서, 이를 우리말로 발음하면 두 음절이 넘는 것이 많았던 것으로 기억한다. 아마도 미군이 암호를 정해서 한국군에 전달했을 것이다. 당시 병사들 가운데 상당수는 영어를 몰랐으므로, 이들은 암구호의 뜻을 모를 뿐만 아니라

외우는 것도 매우 힘들어했다. 대한민국 군대의 역사를 잘 알기 위해서는 이처럼 사소해 보이는 일도 기억해 두어야 한다.

1902년 평양의 진위연대에서 작성한 군호를 전달하는 일지가 어떤 경로로 1908년 서울 금호동의 세책집에서 배접지로 사용되었나 하는 점도 생각해 볼 필요가 있다. 왜 평양에 있던 부대의 일지를 서울까지 가져와 파지로 처분했을까? 이것은 아마도 1907년 대한제국 군대의 해산과 관련이 있는 것 같다.

앞에서 본 일지에 등장한 안제한이나 이장진 같은 장교들은 1907년 7월 26일 해임된다. 며칠 후에 있을 대한제국 군대의 해산에 맞춰 미리 자리에서 물러나게 한 것이다. 군대가 해산됨에 따라 군대 문서는 대부분 휴지가 되었다. 만약 대한제국이 일본의 식민지로 전락하지 않았다면 이들 장교는 계속 군대에 남았을 것이고, 『설인귀전』에 붙어 있던 문서들은 적절한 절차를 거쳐서 폐기되거나 재활용되었을 것임이 틀림없다.

1902년 5월 12일 대한제국 육군의 문서 한 장은 단지 그날의 군호가 '조하'였다는 것만을 전해 주는 것이 아니다. 만약 우리가 과거의 자료를 제대로 읽어 낼 수 있는 능력을 갖춘다면, 이 문서를 실마리로 삼아 대한제국 군대를 좀 더 깊이 있게 이해하게 될 것이다.

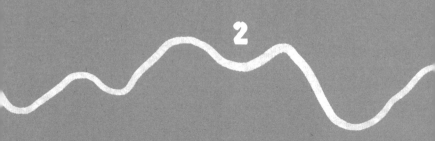

2

봉수대

남산 봉화는 몇 개가 피어올랐나?

인터넷에서 '봉수대'라는 단어로 이미지를 검색해 보면 전국에 각양각색의 봉수대가 있음을 알 수 있다. 놀라운 점은 그 많은 봉수대가 모두 최근에 복원한 것이며, 원형이 보존된 것은 하나도 없다는 사실이다. 100년 전까지만 하더라도 수백 군데 넘는 곳에 있었던 봉수대 중 원형을 간직한 것이 단 하나도 없다는 사실은 꽤 충격적이다.

최근에 각 지역에서 봉수대를 복원하는 작업이 활발하게 일어나고 있다. 크게 돈을 들이지 않고 지역의 역사적 유물을 복원할 수 있다는 이점이 있기 때문이다. 이와 같은 봉수대 복원 작업의 선두에 서울 남산의 봉수대가 있다.

서울 남산의 봉수대는 1993년 9월 20일 서울특별시 기념물 제14호로 지정되었으며, 공식 명칭은 '목멱산봉수대(木覓山烽

燧臺) 터'이다. 그러니까 기념물로 지정된 것은 봉수대가 아니라 봉수대 터라는 말이다. 서울시는 봉수대 터를 기념물로 지정하면서 봉수대도 복원했다. '목멱산'은 서울 남산의 여러 이름 가운데 하나인데, 일반적으로 '남산'이라고 부르지만 옛날 문헌에는 주로 '목멱산'이라고 되어 있다. 남산이라는 지명은 전국에 너무 많으므로, 목멱산이라고 부르면 서울의 남산이라는 의미가 분명해진다. 그러나 지금은 목멱산이라는 명칭은 거의 쓰이지 않으니, 이 글에서는 흔히 쓰이는 '남산봉수대'라고 부르기로 한다.

문화재청에서 남산봉수대를 소개한 글을 보면, "동쪽에서부터 서쪽으로 향하여 5개소가 있었다 하는데, 현재 봉수대는 없어지고 터만 남아 있다. 전해지는 기록이 없어 정확한 자리를 확인할 수는 없는데, 『청구도』 등의 관련 자료를 종합하여 1개소를 복원하였다."라고 하였다. 봉수대가 있던 자리나 봉수대의 모양을 정확하게 알 수 없으므로 추정을 바탕으로 복원한 것이다.

봉수대란 무엇인가

봉수대는 봉수를 올리기 위해 만든 구조물을 말하는데, 봉(烽)과 수(燧)는 둘 다 봉화라는 의미를 가진 한자이다. 그런데 봉화라 하지 않고 굳이 봉수라고 말하는 것은, 봉화라고 하면 불만 가리키지만 봉수는 불과 연기 둘을 가리키기 때문이다. 봉수는 낮에는 연기를 피워 올리고, 밤에는 불을 피워 신호를 전달하는 통신 방식이다.

동서양을 막론하고 불을 이용해서 신호를 전달한 이야기는 매우 많다. 고대 그리스의 작가 아이스킬로스가 쓴 『아가멤논』에도 봉화로 소식을 전하는 내용이 나오니, 이미 2,500년 전에 서양 문학작품에 봉화가 등장했음을 확인할 수 있다.

동양의 봉화 관련 이야기 가운데 가장 잘 알려진 것으로 중국의 전설적인 미녀 포사 이야기를 꼽을 수 있다. 주나라 유왕이 포사를 왕후로 맞아들였는데, 포사는 잘 웃지 않았다. 어느날 봉화를 잘못 올려 제후의 군대가 모였다가 돌아가는 일이 있었고, 이 광경을 본 포사가 크게 웃었다. 그러자 유왕은 포사의 웃는 모습을 보려고 수시로 봉화를 올려 제후의 군대를 불러들였다. 그러다가 정말로 외적이 침입하여 봉화를 올렸으나 제후들은 또 장난 봉화라고 생각해서 아무도 오지 않았고, 유왕은 외적의 손에 죽었다.

우리나라에서는 삼국시대에 봉수제도가 이미 있었다고 추정하기도 하는데 확실한 기록이 전하는 것은 아니다. 고려에 들어와서는 상당히 체계적으로 운영되었음을 알려 주는 기록이 많이 남아 있다. 외국인이 본 기록으로는 1123년 중국 송나라에서 고려에 보낸 사신 서긍이 쓴 『고려도경』을 들 수 있다. 송나라 사신들은 상하이 남쪽의 닝보에서 출발하여 흑산도를 거쳐 군산과 인천 앞바다를 지나 예성강까지 배로 온 다음 육로로 개성에 들어왔다. 서긍은 흑산도를 기술하면서 다음과 같이 봉화를 언급했다.

"매번 중국인 사신의 배가 이르면, 밤에 산꼭대기에 봉화를 밝힌다. 여러 산이 차례로 서로 호응하여 왕성까지 이르는데, 이것이 이 산에서 시작된다."

『고려도경』의 기록을 통해 고려시대에 흑산도에서 개성에 이르는 봉화 노선이 있었음을 알 수 있다. 고려의 봉수제도는 조선으로 이어졌고, 세종 때 봉수제도를 크게 정비했다.

조선을 다스리는 데 기본이 되는 법령을 모아 놓은 『경국대전』은 성종 때 완성되었는데, '봉수'가 하나의 항목으로 들어 있다. 여기에 서울의 남산봉수대를 자세히 설명해 놓았다. 『경국대전』에 의하면, 봉화를 올리는 규정은 다음과 같다.

아무 일이 없는 평상시에는 봉화를 하나만 올린다. 그리고 적이 나타나면 둘을 올리고, 적이 경계에 접근하면 셋을 올리며, 적이 경계를 침범하면 넷을 올리고, 적과 접전을 벌이면 다섯을 올린다. 이처럼 다섯 단계로 나뉘어 있으므로 원칙적으로 각 봉수대에는 불이나 연기를 올리는 구조물이 다섯 개 있어야 한다. 그러나 19세기 각 지역의 봉수대가 모두 이만한 시설을 갖추지는 않았던 것으로 보인다.

문학작품 속의 남산봉수대

남산봉수대에 관한 역사 기록은 많이 남아 있으나, 정확한 장소와 구조물의 모양을 묘사한 기록은 찾아보기 어렵다. 다만 임진왜란 이후에는 남산에 봉수대가 한 군데 있었고, 여기에 다섯 개의 불 피우는 구조물이 있었던 것만은 분명하다.

서울의 경치를 읊은 한시 가운데 남산 봉화를 언급한 것이 꽤 많다. 그런데 한시 속의 남산 봉화는 대부분 시인이 멀리서 본 풍경을 그린 것이어서 이를 통해 남산봉수대의 모양을 알 수는 없다. 게다가 한시를 지은 작자들은 대부분 서울에 살면서 매일 남산의 봉화를 보았기 때문에 굳이 자세히 설명할 필요를 느끼지 않았던 것 같다.

한편, 소설에 봉화가 나오는 장면은 찾아보기 어려운데 특이하게도 『춘향전』에 남산 봉화가 등장한다. 『춘향전』의 수많은 이본 가운데 가장 널리 알려진 것은 20세기 초 전주에서 간행한 것이다. 일반적으로 '완판 춘향전'이라고 말하는 이 책의 정식 명칭은 『열녀춘향수절가』이다. 1930년대부터 여러 연구자가 주석서를 낸 바 있지만, 아직 해결하지 못한 단어나 구절이 상당수 있다. 남산 봉화가 등장하는 대목도 그중 하나이다.

> 너는 죽어 장안 종로 인경이 되고, 나는 죽어 인경 망치가 되어, 길마재 봉화 세 자루 꺼지고, 남산 봉화 두 자루 꺼지면, 인경 첫 마디 치는 소리 그저 '뎅 뎅' 칠 때마다 다른 사람 듣기에는 인경 소리로만 알아도, 우리 속으로는 춘향 '뎅' 도련님 '뎅'이라. 만나 보자꾸나. 사랑 사랑 내 간간 내 사랑이야.

이도령이 부르는 「사랑가」의 한 구절로, 춘향은 죽어서 서울의 인경(보신각종)이 되고, 자신은 종을 치는 망치가 되어 죽은 후라도 서로 떨어지지 말자는 내용이다. 그런데 이 대목에서 말하는 길마재와 남산의 봉화가 꺼지고, 인경을 친다는 행위가 무슨 의미인지는 알 수 없다.

19세기 중반에 서울의 풍물을 읊은 『한양가』라는 작품이 있는데, 여기에도 봉화에 관한 내용이 나온다.

> 길마재 한 봉화에 남산 봉화 응하여서
> 일제히 네 자루가 변방 무사 보(報)하였다
> 초경 삼 점 인경 소리 이십팔수 응(應)하였고

『한양가』에도 『춘향전』처럼 '길마재 봉화', '남산 봉화', '인경 소리' 등이 나오는데, 각 단어의 뜻은 알 수 있어도 전체적으로 무슨 의미인지 알 수 없다. 두 작품에 나타나는 봉화 대목은 남산봉수대의 운용 방법과 그 역할을 알아야만 이해할 수 있다.

남산봉수대는 전국의 다섯 방면에서 올라오는 봉화가 최종적으로 전달되는 곳이다. 남산봉수대로 모이기 직전의 다섯 방면 봉수대는 다음과 같다. 첫째는 함경도와 강원도 방면에서 올라온 양주 아차산(현재 중랑구 봉화산), 둘째는 경상도에서 충청도를 거쳐서 온 광주 천림산(현재 성남시 천림산), 셋째는 평안도와 황해도 방면에서 연결된 무악 동쪽 봉우리(현재 서대문구 안산), 넷째는 평안도와 황해도의 해로로 온 무악 서쪽 봉우리(현재 서대문구 안산), 다섯째는 전라도와 충청도를 거쳐 전달된 양천현 개화산(현재 강서구 개화산)이다.

이렇게 전국의 다섯 방향에서 각기 봉화를 전해 오면, 서울 남산봉수대에서는 이 신호를 종합해서 봉화를 올린다. 다섯 방향에서 전해 오는 봉화가 평온하다는 신호로 하나씩 올렸다면, 남산봉수대에서는 다섯 방면이 모두 무사하다는 의미로 다섯 개의 봉화를 올렸다. 이렇게 온 나라가 평온하다는 소식을 임금과 서울 시민에게 알린 것이다. 그러다가 19세기에 들어와서 남산의 봉화는 다섯 개가 아닌 네 개만 올리는 것이 상례가 되었다. 한 방면을 생략한 것이다.

현재 서울의 독립문에서 홍제동으로 넘어가는 고개를 무악재라고 하는데, 이 고개가 말안장처럼 생겼다고 해서 안현(鞍峴), 또는 말 등에 얹는 기구인 길마를 닮았다 해서 길마재라고 불렀다. 고개 왼쪽의 산을 무악 또는 안산이라고 부른다. 그러니까 앞의 두 작품에서 길마재 봉화라고 한 것은 안산의 봉화를 말한다. 19세기 서울 사람들은 안산에서 봉화를 올려 남산에 전달하면, 남산에서 봉화 네 개가 올라오는 것을 매일 볼 수 있었다. 남산의 봉화는 온 나라가 평온하다는 것을 상징적으로 보여 주는 것이었다. 그리고 남산의 봉화가 꺼지면 저녁 8시 무렵에 종로의 보신각종을 28회 울리고 사대문을 닫았다.

『춘향전』과 『한양가』는 이런 풍경을 보여 준다. 『한양가』는 서울 사람이 서울 풍경을 그린 것이므로 안산 봉화는 하나를 올리고 남산 봉화는 네 개를 올린다고 정확하게 썼지만, 완판 『춘향전』은 전주 사람이 썼으므로 서울의 봉화에 대한 묘사가 정확하지 못한 것이다.

복원한 남산봉수대

19세기 서울 시민의 일상과 함께했던 남산봉수대는 고종 32년(1895) 봉수제도의 폐지와 함께 역사 속으로 사라진다. 그

뒤로 아무도 관심을 두지 않았고, 별다른 연구도 이루어지지 않았다. 그러다가 경제성장과 함께 과거를 복원하려는 열망이 일어나면서, 1990년대에는 봉수대도 복원의 대상에 포함된다. 서울에서는 남산봉수대와 함께 서대문구 안산과 중랑구 봉화산의 옛 봉수대 터가 기념물로 지정되고, 봉수대의 복원이 이루어졌다. 대부분의 봉수대는 산 정상에 있었으므로 봉수대의 위치를 확인하는 데에는 어려움이 없었지만, 남산에는 정상에 팔각정이 있어서 복원 장소가 마땅치 않았을 것이다.

현재 복원한 남산봉수대는 위치가 케이블카 정류장과 팔각정 사이이고, 벽돌로 쌓은 다섯 개의 구조물로 되어 있다. 그렇지만 과거 기록을 보면 모두 남산의 정상에 봉수대가 있었다고 했으므로, 원래의 위치는 현재 팔각정 자리일 것이다. 복원한 모양도 19세기 봉수대와는 다를 것으로 추정되는데, 현재 복원한 봉수대에서 피우는 불로는 종로나 광화문에서 선명하게 불을 확인하기 어려울 것 같기 때문이다. 복원한 안산의 봉수대는 남산의 것과 모양이 같고, 봉화산의 봉수대도 비슷한 모양이다. 남산과 안산의 봉수대는 수원 화성의 봉수대와 무척 흡사하다.

잘 알려진 대로 화성은 정조 임금이 세웠다. 화성은 오랫동안 방치되고, 또 한국전쟁 때 파괴된 탓에 제 모습이 얼마 남지

『화성성역의궤』에 실린 화성봉수대 외형도이다. 전국의 봉수대 가운데
원형을 간직한 것이 하나도 없었으므로 이 자료가 원형 복원에 주요 참고 자료로
쓰였다. 국립중앙박물관.

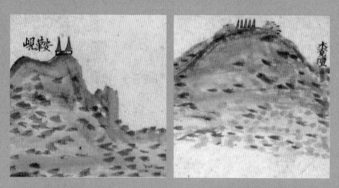

김정호가 만든 『청구도』에 나와 있는 안산봉수대(왼쪽)와 남산봉수대(오른쪽)이다.
전국 다섯 방면에서 평온하다는 봉화가 올라오면, 남산에서 다섯 개(19세기에는 네 개)의
봉화를 올려 온 나라가 평온하다고 알렸다. 국립중앙도서관.

않았었다. 그런데 화성을 건설할 때 만들어 놓은 설계도가 남아서 원형을 복원할 수 있었다. 화성의 설계도인 『화성성역의궤(華城城役儀軌)』에는 자세한 그림이 많이 있는데, 그 가운데 봉수대도 들어 있다.

서울의 남산과 안산의 봉수대를 복원할 때, 관계자들은 『화성성역의궤』의 봉수대 모양을 참고해서 만든 것 같다. 아마도 이 방법이 최선이었을 것이다. 남산봉수대의 모양을 구체적으로 알 수 있는 자료가 없으므로, 복원에 기준이 될 만한 것이라면 무엇이라도 참고하지 않을 수 없었을 터이다. 그러나 남산봉수대의 모양은 화성 것과는 다르다.

19세기 외국인이 본 남산봉수대

남산봉수대의 모양과 그 운용 방식은, 19세기에 조선을 방문한 외국인의 기록을 통해 비교적 정확하게 파악할 수 있다. 가장 자세한 기록을 남긴 인물은 퍼시벌 로웰(1855~1916)이다. 로웰은 명왕성을 발견하는 데 중요한 역할을 한 미국의 천문학자이다. 그는 하버드대학을 졸업한 후, 동아시아에 대한 호기심으로 1883년 일본을 방문했다. 이때 미국 방문을 앞둔 조선의 보빙사 일행이 일본에 도착했는데, 로웰은 이 사절단에 합류할 것을 요청받았다. 로웰은 보빙사의 고문이라는 공식

직함을 갖고, 조선의 외교사절과 함께 미국을 여행했다.

1883년 말, 로웰은 고종의 초청으로 조선을 방문하여 두 달 정도 머물게 되는데, 이때 보고 들은 것을 바탕으로 *Chosön, the Land of the Morning Calm*(조선, 고요한 아침의 나라)이라는 책을 1885년에 간행했다. 이 책은 서구에 조선을 소개한 책 가운데 서도 아주 이른 시기에 나온 것이다. 특히 직접 조선에서 체류한 경험을 바탕으로 쓴 책으로, 여기에는 로웰이 찍은 고종의 사진 등 여러 장의 사진과 그림이 들어 있다. 이 책은 전체 37장으로 구성되어 있는데, 그중 제10장의 제목은 '남산의 봉화'이다. 제10장의 첫머리는 다음과 같다.

하루가 흘러가기를 머뭇거리는 어둑어둑해질 무렵 서울의 거리를 나서 본다면, 당신의 시선은 어두운 도로에서부터 하늘의 사라지는 빛을 따라가다가, 아마도 서울 남쪽에 우뚝 솟아 있는 남산에 머물게 될 것이다. 어둡고 강렬하며 신비스러운 황혼에, 그 거대한 덩어리는 남쪽 하늘에서 아주 편안한 모습을 보인다. 마치 낮에는 감춰져 있던 것이 밤이 되어 갑자기 드러난 것같이 이 도시에서는 꽤 돌출적인데, 점점 짙어 가는 어둠 속으로 천천히 사라지는 이 산을 본능적으로 바라보게 된다. 어둠 속으로 산이 사라지면서 주술에서 풀려난 것처럼 당신의 시선이 거리로 돌아오면, 전율이 온 몸에 휘감기면서 갑자기 모든 것이 암흑의 세상이 되고, 조금 전까지 누워 있던 산의 꼭대기에서 네 개의 작은 별이 갑자기 나타난다. 별들은 하늘 높이 걸려 있어서, 마치 다른 세상에서 온 불빛인 것 같다. 그것은 남산의 신호용 화톳불인데, 매일 밤 나라 안의 모든 일이 무사하다고 서울에 보내는 신호이다. 별처럼 보이는 것은 사실은 봉화인데, 이는 정말로 상징적이다. 봉화는, 위험을 경고하는 것이 아니라, 나라 전체가 안전하고 평화롭다는 신호이다. 각 지방의 메시지를 서울에 전하는 이 봉화는 15분 동안 타오르다 다시 어둠 속으로 사라진다.

로웰의 이 글은, 1883년 12월 어느 날 그가 본 서울 남산의 봉화가 어떤 모습이었나를 우리에게 생생하게 전해 준다. 조선 사람들도 남산봉수대에 네 개의 봉화가 오른다는 기록을 남기기는 했지만, 그들에게 봉화는 매일 보는 일상적인 일이었기 때문에 로웰처럼 자세히 기술하지는 않았다. 그러므로 로웰이 묘사한 남산봉수대의 모습은 중요한 역사적 기록이라고 할 만하다.

로웰은 직접 남산에 올라가서 봉수대와 봉수군의 막사를 살펴보고 모양과 크기를 기술했다. 그에 따르면, 봉수대는 남산 정상에 성벽과 평행을 이루는 방향으로 설치되어 있으며, 지름이 5피트(약 1.5미터) 정도의 우물처럼 생긴 다섯 개의 원형 석재 구조물이라고 했다.

　19세기 말에 서울을 방문했던 외국인의 기록에는 남산봉수대를 언급한 것이 상당수 있다. 이런 기록을 자세히 조사한다면 남산봉수대가 있던 장소나 모양에 대한 정확한 자료를 얻을 수 있을지도 모른다. 과거를 정확하게 복원하기 위해서는 많은 연구와 적절한 행정적 뒷받침이 필요한데, 그 모두는 한 사회의 역량과 관계가 있다고 하겠다.

3

과거 시험

그 많은 수험생들은 어디서 먹고 잤을까?

강원도 평창군 봉평면을 배경으로 한 이효석의 「메밀꽃 필 무렵」은 중등학교 교과서에도 실려 있는 한국의 대표적인 단편소설이다. 이 소설은 과거제도가 없어진 지 근 40년이 지난 1936년에 발표되었으며, 과거 시험과는 아무런 관련이 없다. 그렇지만 작품을 잘 살펴보면 조선시대 과거의 흔적을 찾을 수 있다. 앞부분 한 대목을 보기로 한다.

절렁절렁 소리를 내며 조선달이 그날 번 돈을 따지는 것을 보고, 허생원은 말뚝에서 넓은 휘장을 걷고 벌여 놓았던 물건을 거두기 시작하였다. 무명필과 주단 바리가 두 고리짝에 꼭 찼다. 멍석 위에는 천 조각이 어수선하게 남았다.

이 작품의 주인공은 무명이나 비단 같은 옷감을 팔러 다니는 허생원이고, 그의 동료는 조선달이다. 그리고 인용문에는 안 보이지만, 또 다른 인물로 동이가 있다. 그런데 '동이'가 이름인 것과는 달리, 허생원은 이름이 나오지 않고 그저 '생원'이라고 하고, 마찬가지로 조선달도 이름 없이 '선달'이라고만 부른다. 혹자는 '생원'과 '선달'을 이들의 이름으로 알고 있을지도 모르겠는데, 둘 다 이름이 아니라 과거제도와 관련이 있는 호칭이다.

조선시대 과거제도

생원(生員)은 과거의 소과에 합격한 사람을 일컫는 말이고, 선달(先達)은 무과에 급제하고 아직 벼슬을 받지 못한 사람을 부르는 말이다. 이렇게 과거 시험 합격자를 부르던 호칭이 시골 장터의 떠돌이 장사꾼들에게 붙게 된 것은, 조선시대 과거가 중하층 사람의 일상생활에도 영향을 미쳤음을 보여 주는 증거라고 할 수 있다. 과거제도를 잘 이해하려면 상당한 양의 지식이 필요하지만, 여기서는 생원과 선달이 무엇인가를 이해하는 정도로 조선시대 과거제도를 알아보기로 한다.

과거제도를 얘기할 때면 으레 문과(文科)를 떠올리기 쉬운데, 문과 이외에 무관을 뽑는 무과(武科), 통역관이나 의사 등을 뽑는 잡과(雜科)도 있었다. 또 불교 승려를 선발하는 승과(僧科)도 상당 기간 존속했다. 그러나 조선시대에는 문과가 가장 중요했으므로, 문과를 중심으로 과거제도를 설명하는 것이 이해하기 쉽다.

과거 시험은 3년마다 한 번 실시하는 것이 원칙으로, 문과에서는 33명을 선발했다. 그리고 이 33명을 뽑기 위해 5단계의 시험을 치렀다. 5단계를 크게 소과(小科)와 대과(大科)로 나눌 수 있는데 소과에 2단계, 대과에 3단계가 있다.

소과의 2단계 중 1차 시험(초시 또는 향시)은 서울과 지방의 각 도에서 실시했다. 선발 인원이 지역별로 정해져 있어서 서울 200명, 전라도 90명, 함경도 35명 등으로 총 1,400명을 뽑았다. 2차 시험(복시)은 이들을 모두 서울에 모아서 치르고, 최종적으로 200명을 합격시켰다. 소과 응시자는 두 과목 중 하나를 선택해서 시험을 치르는데, 선택과목에 따라 진사(進士)와 생원(生員)으로 갈린다. 소과 합격자인 진사 100명과 생원 100명에게는 성균관에 입학할 수 있는 자격을 주었다.

대과의 3단계 중 1차 시험(초시)은 서울과 지방 그리고 성균관에서 치렀다. 서울에서 40명, 경상도에서 30명, 황해도에서 10명 등 각 지역의 시험에서 190명, 그리고 성균관 학생들 가운데 50명을 선발했다. 이들 240명이 서울에서 열리는 2차 시험(복시 또는 회시)에 응시하며, 이 가운데 33명을 다시 추려낸다. 3차 시험(전시)은 대궐 안에서 임금이 지켜보는 가운데 시험을 보고, 특별한 사유가 없는 한 전원을 합격시켰다. 3차 시험에서는 등수를 매겼는데, 1등을 '장원'이라고 했다. 그러니까 장원급제는 과거의 대과에서 1등으로 합격한 것을 가리키는 말이다.

대과의 1차 시험을 보기 위해서 반드시 소과를 치러 합격해야 하는 것은 아니다. 그렇지만 소과에 합격해서 생원이나 진사가 된 후, 성균관에 들어가 공부해서 대과에 급제하는 것이 이상적인 과거 급제라는 것은 두말할 필요가 없다.

조선시대 과거는 관리를 임용하기 위한 것이었지만, 과거에 급제했다고 해서 바로 관리가 되는 것은 아니었다. 장원급제의 경우라면 바로 관직에 나아갈 수 있어도, 일반 합격자는 상당 기간 기다려야 임용되었고, 평생 임용되지 못하는 사람도 많았다. 이는 문과나 무과 모두 마찬가지였는데, 무과의 경우가 더 심했다고 한다.

무과 시험이 문과와 다른 점은 소과와 같은 과정이 없다는 점이다. 무과는 문과와 같은 날 시험을 보아서 28명을 선발했다. 무과도 3단계의 시험을 통해 선발했는데, 활쏘기나 말타기 같은 실기는 물론 책을 읽는 시험도 부과했다.

무과의 1차 시험(초시)은 서울의 훈련원과 전국 각 도에서 실시하여 서울에서 70명, 충청도에서 25명, 평안도에서 10명 등 도합 190명을 선발했다. 그리고 이들을 서울에 모아 2차 시험(복시)을 쳐서 28명을 뽑고, 임금이 참석한 가운데 3차 시험(전시)을 보아 28명의 등수를 매겼다.

종류도 많고 응시생도 많았던 특별 시험

　앞에서 간략하게 설명한 과거제도는 3년에 한 번씩 베푸는 시험으로 식년시(式年試)라고 부른다. 그리고 3년마다 치르는 식년시 외에 특별 시험이 있는데, 종류가 너무 많아서 하나하나 설명하기 어려울 정도이다. 여기서는 특별 시험 전체를 뭉뚱그려 '별시(別試)'라고 부르기로 한다.

　별시는 여러 가지가 있는데, 수십 명이나 수백 명의 수험생을 대상으로 하는 것부터 수천 명이나 수만 명 이상이 모이는 시험까지 다양하다. 그리고 한 번의 시험으로 급제자를 정하는 시험도 있고, 대과의 초시 성격을 갖는 시험도 있다. 필자가 주목하는 것은 몇 만 명 이상이 한꺼번에 서울에 모여서 치르는 별시이다. 이렇게 많은 인원이 한꺼번에 과거 시험을 치른 이유가 궁금한데, 아직 이 방면의 연구가 많지 않다. 그러나 과거제도는 조선왕조를 지탱해 온 중요한 도구였으므로, 이 문

1664년 함경도 길주목에서 시행되었던 문무과 과거 시험을 그린 「북새선은도」의 일부이다. 위쪽은 문과 시험이며, 아래쪽은 무과 시험 장면이다. 국립중앙박물관.

제를 제대로 설명해 낼 수 있게 되면 우리가 잘 알지 못했던 조선의 어떤 면이 드러날지도 모른다.

각 지역에서 치르는 식년시의 1차 시험에 응시한 수험생의 총 숫자를 알 수 있는 자료가 남아 있지 않아서, 한 번에 몇 명이 시험을 치렀는지 통계를 낼 수 없다. 근래에 여러 자료를 종합해서 응시자 숫자를 추정하고 있지만 정확히는 알기 어렵다. 그런데 별시 가운데 단 한 번으로 급제자를 선발하는 시험에는 매우 많은 인원이 응시하기 때문에, 이런 시험의 통계를 바탕으로 과거를 준비하던 사람의 숫자를 대략적으로 파악할 수 있다.

임진왜란과 병자호란의 후유증에서 어느 정도 벗어난 영조 15년(1739) 3월 19일에 실시한 별시에는 약 16,000명이 응시했다. 『영조실록』에 의하면 당시 과거 응시생의 수가 해마다 늘어나서 이 정도의 숫자가 되었다고 한다. 그러므로 영조 이전에는 응시생이 이렇게 많지는 않았을 것으로 보이고, 이후 꾸준히 늘어나서 정조 24년(1800) 3월 21일에는 11만 명에 이르게 된다.

순조, 헌종, 철종을 지나면서 응시생 수가 더욱 늘어나서, 고종 때에는 20만 명이 넘는 과거가 네 번이나 있었다. 19세기 서울의 인구가 20만~30만 명 정도라고 하는데, 서울 인구에 맞

먹는 수가 과거를 치르기 위해 몰려들었다는 것은 쉽게 상상하기 어렵다. 이들 20만 명이 어디에서 묵었으며, 어떻게 식사를 해결했는지, 그리고 답안지를 작성하기 위한 여러 가지 문방구와 종이는 어떻게 준비했는지 궁금한 것이 하나둘이 아니다. 이런 문제는 앞으로의 연구를 기다려야 할 것 같다.

문과 응시생의 숫자를 자세히 기록해 놓은 자료는 많이 있으나, 무과는 합격자 숫자만 적어 놓았기 때문에 응시생 숫자는 제대로 알아내기 어렵다. 그런데 앞에서 본 정조 24년의 기록에 무과 응시생의 숫자가 35,891명이라고 나와 있다. 이를 통해 문과 응시생의 3분의 1가량의 인원이 무과에 응시했다고 추측할 수 있다.

그런데 한 가지 흥미로운 점이 있다. 식년시에서는 정해진 인원대로 문과 33명과 무과 28명을 선발했지만, 별시에서는 일반적으로 문과는 적게 뽑고 무과는 많이 뽑았다는 점이다. 무과를 많이 뽑았던 예를 보면 숙종 2년(1676) 3월 21일에 14,207명, 정조 8년(1784)에 2,676명, 고종 26년(1889)에 2,513명을 선발했다. 확실히 무과는 문과보다 많은 인원을 급제시켰다.

무과 합격자 모두가 관직을 얻을 수 있는 것이 아니므로, 자연히 무과에 급제했어도 임용이 되지 못한 '선달'이 많아질 수

밖에 없다. 그리고 소과의 생원과 진사도 대과에 합격하지 못하는 한 관직을 받기 어려우므로, 벼슬이 없는 '생원'도 늘어나게 된다. 과거에 합격한 사람에게 붙이는 원래의 의미가 변해서, 생원과 선달이 남을 대접해서 부르는 말이 된 데에는 이런 까닭이 있는지도 모른다.

과거제도의 마지막 모습

국왕의 정무를 일지 형식으로 기록한 『일성록』에는 과거 시험을 실시한 내용이 들어 있다. 고종 28년(1891)의 기록을 확인해 보니 10만 명 이상이 응시한 시험이 이 해에만 26회 있었다. 26회 가운데 3회는 한 번에 급제자를 결정하는 시험이었고, 나머지 23회는 대과의 2차나 3차 시험에 응시할 수 있는 자격을 주거나, 그러지 않으면 약간의 포상을 하는 것이었다.

1891년 10만 명 이상이 응시한 26회의 별시 가운데 하나를 보기로 한다. 3월 21일 실시한 과거의 명칭은 '경과(慶科) 정시(庭試)'로, 나라에 경사가 있을 때 대궐 안에서 보는 시험이었다. 한 번의 시험으로 합격자를 선발했는데, 이날 응시생 수는 157,587명이고 거둔 답안지는 135,789장이었다. 그러니까 약 2만 명이 답안지를 제출하지 않았다. 시관 약 80명이 13만여 장의 답안지를 채점했으니, 1인당 약 1,700장을 채점한 셈이다. 급제자의 수는 임금이 결정하는데 이 시험에서는 5명으로 정했다. 합격자 발표는 시험 당일에 그 자리에서 했으므로, 오후에 시험이 끝난 후 약 80명의 시관이 순식간에 13만 장의 답안지를 채점해서 5명을 선발했다.

전국에서 모인 15만 명의 수험생 가운데 급제자 5명을 제외하고는 모두 빈손으로 돌아가야 한다. 이처럼 경쟁률이 3만 대 1에 이르는 시험의 의미는 무엇이었을까? 그리고 이런 종류의 과거 시험이 왜 조선 500년 가운데 마지막 100년 동안 자주 있었을까? 19세기 조선을 이해하기 위해서는 풀어야 할 과제인 것 같다.

6세기 말 중국의 수나라에서 시작된 과거제도는, 한국과 베트남에도 도입되어 오랜 기간 관리를 선발하는 제도로 자리 잡았다. 한국에는 고려 광종 9년(958)에 들어와 거의 천 년 동안 시행되며 숱한 인재를 선발했다. 그러나 1894년 갑오개혁 때 과거제도는 개혁의 대상이 된다. 7월 3일 군국기무처는 "과거는 실질이 없이 헛된 글만 짓는 재주를 가진 사람을 뽑는 제도이므로, 관리의 선발은 다른 제도를 도입한다."고 발표했다. 그리고 7월 12일에 관리를 뽑는 새 조례를 공포함으로써 과거제도는 완전히 사라졌다.

1894년 2월 8일 시험에는 조선시대 가장 많은 수험생인

237,299명이 응시했다. 갑오개혁으로 과거제도가 없어진 해에 역대 최대 인원이 응시했다는 사실은 참으로 역설적이다.

생원과 선달이 흔해진 이유

요즈음 어느 정도 나이가 든 사람을 '사장님'이나 '선생님'이라고 부르는 일이 매우 흔하다. 이제 이 호칭은 실제로 회사를 경영하는 사장이나, 학교에서 가르치는 교사만을 지칭하는 말이 아니다.

「메밀꽃 필 무렵」에서 시골 장마당의 옷감 장수를 허생원이나 조선달이라고 불렀다는 사실은, 1930년대에 이런 식의 호칭이 매우 널리 쓰였음을 보여 준다. 생원이나 선달이라는 호칭을 아무에게나 적당히 붙이는 일은 이미 오래전부터 있었다. 계층이 낮은 사람들 사이에서도 서로를 생원이나 선달이라고 부르는 일이 많았음은 19세기의 여러 기록을 통해 확인할 수 있다. 아마도 과거가 남발되면서 생원이나 선달이 많아짐에 따라 그 권위가 떨어졌기 때문일 것이다. 현재의 사장님이나 선생님이라는 호칭과 비슷한 양상으로 보인다.

조선시대의 훌륭한 인물로 손꼽히는 사람들은 대부분 문과에 급제했다. 물론 과거를 거부하고 산림에 거처하면서 이름을 낸 사람도 있지만, 조선이라는 봉건국가에서 무언가 일을 하려면 과거 급제가 필수 조건이었다. 국정을 운영하는 데 필요한 관리를 선발하기 위한 과거제도는, 시간이 흘러 백성을 위로한다는 정치적인 의미가 강조되면서 인재 선발이라는 근본 취지가 흐려졌다.

3년에 한 번씩 치른다는 규정을 무너뜨리고 갖가지 명목의 비정기적인 특별 시험을 수시로 시행함으로써, 과거에 급제하고도 관직을 얻지 못하는 이들이 많아졌다. 이는 국왕 스스로 과거제도를 정치적으로 이용한 것이니, 정치적인 편익을 위해 국정의 대원칙을 포기한 것이라고도 말할 수 있다. 한 번에 10만 명에서 20만 명이 서울에 모여서 시험을 치르고, 그 자리에서 십여 명의 합격자를 발표하는 과거 시험의 의미는 무엇이었을까? 여기에 대해서 당대에도 별다른 비판이 없었고, 지금도 특별히 관심을 두고 연구하지 않는 것 같다.

이도령이 장원급제해서 암행어사가 되어 변사또를 처벌하고 춘향을 구해 내는 대목은 『춘향전』에서 가장 흥미로운 대목이다. 그런데 이도령이 치른 과거가 바로 한 번에 합격자를 내는 시험이었고, 그는 10만 명 이상이 한꺼번에 치른 시험에서 1등을 한 것이다. 이도령의 장원급제야말로 당대 모든 사람이 꿈꾸던 일이었을 터이다. 과거를 실시한다는 공고가 나오면 짐을 꾸려 무조건 서울로 향하던 수험생들은 모두 소설 속의 이도령을 꿈꾸었을 것이다. 그러나 현실 속의 수십만 수험생은 절대로 이도령이 될 수 없었다. 이도령은 다만 소설의 주인공일 따름이다.

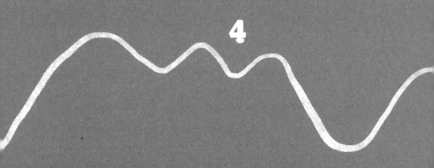

한양 구경

19세기 서울의 관광 명소는 어디였을까?

서울이라는 말은 참 재미있는 단어다. "중국의 서울은 북경"
이라고 말할 때의 서울은 한 나라의 수도를 가리키는 일반명
사인데, "현재 서울의 기온은 18도를 가리키고 있습니다."라고
아나운서가 말할 때의 서울은 한반도의 중심에 있는 도시를
뜻하는 고유명사이다. '서울'이라는 말이 어떻게 생겨난 것인
지 전문 학자들이 연구를 해 왔지만, 정확한 유래를 밝혀내기
는 쉽지 않은 것 같다.

행정안전부의 주민등록 인구통계에 따르면, 서울 인구는 한
때 천만 명이 넘었다가 2022년 12월 현재 약 940만 명이다. 좁
은 면적에 이처럼 많은 인구가 모여 있으므로 여러 문제가 뒤
따르기 마련이고, 역대 정권에서는 서울의 인구를 분산시키기
위해 갖가지 정책을 써 왔다. 그러나 이미 600년 이상 한 나라

의 수도로서 한반도에서 중심적 역할을 해 왔으므로, 온갖 인물과 재화가 서울로 집중되는 현상을 바꾸기는 쉽지 않을 것이다.

이제 서울은 대한민국의 정치·경제·문화의 중심일 뿐만 아니라, 세계의 정치·경제·문화에 일정한 영향력을 행사하는 중요한 도시가 되었다. 19세기 중반까지는 몇몇 중국의 사신 이외에는 아무도 들어올 수 없었던 쇄국의 도시 서울이, 이제 세계로 열린 국제적인 도시가 되었다. 그 쇄국의 시기에 조선의 수도 서울에는 어떤 구경거리가 있었는지, 한 세기 반 전으로 잠시 돌아가 보기로 하자.

서울의 여러 가지 다른 이름들

먼저 서울과 관련된 몇 가지 명칭을 살펴보기로 한다. 서울은 순우리말이므로, 훈민정음을 만들기 이전에는 이 단어를 표기할 방법이 없었다. 세종대왕이 훈민정음을 창제한 후에 새로운 글자를 이용해서 처음으로 만든 책이 『용비어천가』인데, 여기에는 '京'이라는 한자를 한글로 쓸 때 모두 '셔울'이라고 했다. 이처럼 조선 초기 세종 때에 한자 '京'에 대응하는 순우리말로 '셔울'이 있었던 것은 분명하지만, 이 단어가 현재 우리가 쓰는 고유명사 '서울'로 정착된 것이 언제인지는 정확히 알 수 없다. 아무튼, 서울이라는 일반명사는 아주 오래된 순우리말 단어이다.

공문서에 한글을 공식적으로 쓸 수 있게 된 것은 갑오개혁 이후로, 그 전까지 조선의 공식 문자는 한자였다. 그러니 순우리말로 된 '서울'이라는 단어는 한문으로 쓴 문장에는 들어갈 수가 없었다. 대신 수도라는 의미의 '도성(都城)', '경사(京師)', '경성(京城)', '경조(京兆)', '수선(首善)' 등등을 사용했다. 그리고 조선시대 서울의 공식 명칭인 '한성(漢城)'도 쓰고, 고려 때부터 부르던 '한양(漢陽)'도 많이 썼으며, 중국의 지명이자 수도를 가리키는 일반명사로도 쓰이는 '장안(長安)'이나 '낙양(洛陽)'도 종종 사용했다. 이러한 한자로 된 명칭의 의미나 유래는 다음과 같다.

장안은 현재 중국의 시안에 해당하는 지역으로 당나라의 수도였고, 낙양은 현재의 뤄양으로 고대 주나라부터 한나라와 육조시대 북위 등 여러 나라의 수도였다. 이 둘을 조선시대에 수도를 가리키는 말로도 썼는데, 특히 장안은 서울이라는 뜻으로 많이 쓰였다. 서울을 강조하는 의미로 서울장안이라고 한다든가, 서울 사람을 장안 사람이라고 하는 말이 있고, 지금도 가게나 회사 이름에 장안을 붙인 데가 많이 있다.

도성·경사·경성·경조·수선 등도 수도라는 의미를 지닌 한

자어인데, 경사·경성·경조에는 모두 한자 '경(京)' 자가 들어 있어서 서울을 뜻하는 말이 된다. 그리고 도성은 도읍지가 있는 성이라는 의미이므로 자연히 수도를 가리킨다. 식민지 시기 일본인이 세운 '경성제국대학'도 서울에 있는 대학이라는 점을 강조한 것이다. '수선'은 흔히 쓰이는 말은 아니지만, 사마천의 『사기』에 "서울에서부터 모범을 보여(建首善自京師始)"라는 말에서 온 것으로 수도를 가리킨다. 조선의 서울이나 청나라 북경의 지도 제목을 '수선전도(首善全圖)'라고 지은 것은 여기에서 따온 것이다.

조선시대 서울의 공식 명칭은 '한성부(漢城府)'였으며, 일반적으로는 한성이라고 했다. 그러나 고려시대의 이름인 '한양'이 오히려 더 많이 쓰였다. 특히 한글로 된 문서에서는 한성보다 한양을 더 자주 볼 수 있다. 얼핏 떠오르는 속담만 보더라도 "사람은 태어나면 한양으로 보내고 말은 태어나면 제주도로 보내라.", "모로 가도 한양으로만 가면 된다.", "한양에서 매 맞고 송도에서 주먹질한다." 등등, 한양이라고 했지 한성이라고 하지는 않았다.

중국에서는 오랫동안 서울의 한자 표기를 '한성'이라고 했는데, 2005년부터 '서우얼(首尓/首爾)'로 바꾸었다. 이제는 '한성'이라는 명칭이 오히려 귀해져서, 1909년에 개교한 '한성화

교소학교'나 서울에 사는 화교들의 모임인 '한성화교협회' 등에서나 볼 수 있게 되었다.

『한양가』에서 묘사한 서울

조선시대에는 국가가 통치의 편의를 위해서 작성한 자료들이 많이 있는데, 이를 통해 서울의 모습을 총체적으로 조감할 수 있다. 대표적인 것으로『동국여지승람』이나『만기요람』같은 책의 서울 관련 항목이라든가, 서울에 대해 집중적으로 기술한『동국여지비고』등이 있다. 그런데 이런 책은 통치자의 시각으로 작성한 문서이므로 서울의 모습을 생동감 있게 그려 내지는 못했다. 한편, 양반 사대부들이 서울의 세시풍속을 한문으로 기록한 유득공의『경도잡지』나 김매순의『열양세시기』는 간략하게 사실을 나열한 책이다.

19세기 중반에 나온『한양가』는 한양의 모습을 노래로 적어 놓은 50페이지 정도의 짧막한 책이다. 이 책은 당대 서민이 조선의 수도 서울의 모습을 한글로 그려 낸 것이므로, 정부에서 간행하거나 양반 지식인이 쓴 것과는 다른 시각을 보여 준다는 점에서 상당히 귀중한 자료이다. 특히 서민들이 구매해서 읽던 책인 '방각본'으로 간행되었다는 데에 큰 의미가 있다. 대부분의 방각본과 마찬가지로 이 책도 누가 쓴 것인지는 알 수

없다. (방각본에 관한 자세한 내용은 이 책의 216~231쪽 참고)

『한양가』에는 19세기 중반 서울의 볼만한 구경거리 다섯 가지가 꽤 자세히 서술되어 있는데, 첫째는 궁궐과 관청, 둘째는 시장, 셋째는 놀이, 넷째는 왕의 수원 행차, 다섯째는 과거 시험의 풍경이다. 이 가운데 어떤 것은 지금도 남아 있으며, 어떤 것은 이제는 없어지고 다시 볼 수 없다. 그럼, 『한양가』에 나오는 서울의 구경거리를 살펴보자.

궁궐과 관청, 시장

현재 서울에 남아 있는 조선시대 궁궐은 창덕궁·창경궁·경복궁·덕수궁·경희궁 등 다섯 군데이고, 궁궐 이외에 사직단과 종묘가 남아 있다. 이 중에 창덕궁과 종묘는 유네스코 세계문화유산으로도 등재된 대한민국의 중요한 문화재이다. 원형이 훼손되었다 하더라도 궁궐은 대부분 남아 있는 데 비해, 관청 건물은 남아 있는 것이 없다. 그리고 동대문시장은 모습은 바뀌었어도 조선시대에도 시장이 있던 터이며, 종로거리는 조선시대나 지금이나 장사하는 가게들이 늘어서 있다.

먼저 궁궐을 보기로 한다. 조선시대 대궐과 종묘는 당시의 서민들은 감히 들어갈 수 없는 곳이었지만, 그곳에서 근무하는 사람들을 통해 대궐 안의 모습과 소식이 바깥에 전해졌다.

조선을 건국하고 맨 처음 지은 궁궐은 경복궁이다. 『시경』의 "이미 술에 취하고 이미 덕에 배부르니 군자는 영원토록 그대의 크나큰 복을 모시리라(旣醉以酒, 旣飽以德, 君子萬年, 介爾景福)"는 대목에서 '크나큰 복'이라는 의미의 '경복(景福)'을 가져와 이름을 붙였다. 태종 때 별궁의 이름을 창덕궁이라고 했고, 성종 때 창경궁을 지었다. 임진왜란 때 피란민들이 경복궁·창덕궁·창경궁에 불을 질러 세 대궐이 모두 타 버린 후, 창덕궁과 창경궁은 다시 지었으나 경복궁은 폐허로 내버려 두었다. 그리고 잘 알려진 대로, 고종이 즉위하면서 대원군이 경복궁을 다시 지었다.

『한양가』에서는 주로 창덕궁을 중심으로 궁궐의 웅장함과 화려함을 그렸다. 그런데 궁궐의 모습을 설명하면서 예를 드는 인물들은 대부분 하층 인물이고, 관청을 소개하면서도 장관을 모시는 아랫사람을 묘사한 것이 많다. 그리고 이들이 맡은 일만이 아니라 옷과 머리 장식 등도 자세히 설명했다. 이는 『한양가』의 작자가 서민이었음을 보여 주는 것이고, 작자가 사람들에게 알리고 싶었던 것이 무엇이었는지를 짐작하게 한다.

『한양가』는 서울에 사는 사람이 아니면 잘 알 수 없는 한양의 지리나 문물에 대한 정보뿐만 아니라, 일상생활에 필요한 지식들까지 다양한 내용을 담고 있다. 그중 하나가 시장이다.

『조선풍경인속사진첩』에 실려 있는 사진으로, 1911년 동대문 문루에서 바라본
종로의 모습이다. 종로는 오랫동안 상업의 중심지 역할을 해 왔다. 서울역사박물관.

19세기에 지방의 시장은 대체로 닷새마다 장이 서는 5일장이었고, 매일 가게를 여는 상설 시장은 서울에만 있었다. 그러므로 서울의 시장은 대단한 구경거리였다.

시장에서 거래하는 물건 중에 중요한 것은 비단·무명·명주·베·모시 같은 옷감이었는데, 19세기 중반이 되면 중국이나 일본의 옷감뿐 아니라 서양의 옷감도 수입했다. 이처럼 외국 물건도 있지만 "우리나라에서 생산하는 물건들도 부끄럽지 않다."고 적었다.

또 생선·과일·곡식 같은 식료품이나 장식품과 패물 같은 사치품과 함께 눈에 띄는 품목으로는 그림을 들 수 있다. 아파트가 주거의 대세가 되면서 현재는 거의 잊힌 공간이지만, 한옥의 안방에는 대개 다락이 붙어 있었고, 벽장도 만들어 두었다. 다락의 네 문짝에는 닭·개·사자·호랑이 그림을, 벽장문에는 매화·난초·국화·대나무 그림을 붙였다. 벽이나 기둥에도 그림을 걸고, 대문에는 화려한 색채의 신장(神將) 그림을 붙였다. 이런 그림들은 주로 광통교 근처에서 팔았는데, 현재 종로 2가에서 을지로 2가로 가는 길에 청계천을 건너는 다리가 광통교이다.

한 가지 더 들어 보면, 구리개 약방이 있다. 구리개는 한자로는 동현(銅峴)이라고 하는데, 현재 을지로 2가 지역으로 예전에는 이곳에 흙이 구릿빛으로 빛나는 언덕이 있었다고 한다. 근처에 현재의 국립의료원 역할을 했던 혜민서라는 관청이 있어서, 약방이 많이 모여 있었던 것으로 추측된다. 이곳의 약방이 얼마나 유명했는지는 『춘향전』에서 변사또의 수청을 거절하고 곤장을 맞아 기절한 춘향이를 살리려고 "구리개 박주부 약국에 가서 청심환을 사오라."고 말하는 대목을 보아서도 알 수 있다. 청심환을 사러 남원에서 서울 구리개까지 갔다 오라고 한 것이다.

여러 가지 놀이와 능행, 그리고 과거 시험장 풍경

조선시대 서울 사람들은 각자의 신분에 어울리는 여러 가지 놀이를 즐겼다. 선비들은 시 짓기 놀이, 장사하는 사람들은 한강에서 뱃놀이, 양반집 하인들은 꽃놀이, 그리고 활쏘기 같은 것도 놀이로 즐겼다. 이런 놀이는 서울의 여러 누각과 경치 좋은 곳에서 열렸다. 『한양가』에 등장하는 누대와 정자 중에 현재 원형이 남아 있는 것은 없고, 경치가 아름답다고 거론한 곳들도 난개발로 인해 거의 사라졌다.

수많은 정자 중에 이름만이라도 남아 있는 것은 압구정과 창랑정 정도이다. 압구정은 압구정동이라는 강남구의 동명으로 전해지고, 창랑정은 유진오의 소설 「창랑정기」에 그 이름이 남아 있다. 『한양가』에서 언급한 명소 가운데 현재까지 그 자리에서 명맥을 유지하고 있는 곳은 은평구 진관외동에 있는 진관사, 서대문구 홍은동의 옥천암 정도이다. 둘 다 불교 사찰인데, 부근의 경치가 좋아서 서울 사람들이 놀러 간 길에 들르던 곳이다.

예나 지금이나 놀이를 하려면 돈이 드니까, 서울에서 놀이를 즐기던 사람들은 주로 대갓집이나 부잣집 자제들이었다. 그리고 여기에 하나 더 보태면 대궐과 관청에서 근무하던 별감을 들 수 있다. 별감은 하급 직원으로 양반은 아니었지만, 임금을 호위한다든가 각종 행사를 준비하는 일을 맡았으므로 그들이 관할하는 분야에서 실질적인 권한을 갖고 있었다.

서울의 많은 놀이 중에 가장 볼만한 것을 『한양가』의 작자는 '승전놀음'이라고 말했다. 승전놀음이 바로 별감들의 놀이로, 비번인 별감 백여 명이 모여서 벌이는 놀이였다. 별감들은 서울의 유행을 선도하는 옷차림을 하고, 관할 부서의 악사와 가수 그리고 기생들을 총동원시켜 놀이판을 벌였다. 이는 당시 서울에서 볼 수 있는 가장 화려한 놀이였다.

승전놀음 다음의 볼거리로는 능행을 들었다. 조선의 왕이 선대 여러 임금의 무덤을 참배하는 것을 능행(陵幸)이라고 한다. 한자 '幸'에는 다행이나 행복이라는 의미 외에 '임금의 나들이'라는 뜻도 있다. 조선의 왕릉은 대부분 서울에서 가까운 곳에 있으므로, 대개는 하루에 갔다 올 수 있었다. 그런데 정조는 즉위 후 10여 년이 지난 1789년에 아버지 사도세자의 무덤을 양주에서 수원으로 옮기고, 이름도 현륭원이라고 고쳤다. 그리고 1800년 세상을 떠날 때까지 정조는 12년 동안 13차례 현륭원에 행차하였다.

일반적으로 임금의 능행은 그 자체가 구경거리였지만, 정조의 수원 행차는 이전의 능행과는 비교가 되지 않는 큰 규모였기 때문에 더욱 커다란 볼거리였다. 정조의 능도 현륭원 옆에 조성했으므로, 후대의 임금인 순조와 철종도 수원으로 능행을 했다.

현재 서울 청계천에는 1795년 정조의 수원 행차의 행렬 순서를 벽화로 만들어 놓은 것이 있다. 전체 능행 과정에서 가장 큰 구경거리는 왕의 가마가 한강을 건너는 것이다. 임금은 배를 타고 건너는 것이 아니라, 수많은 배를 강에 띄워 서로 연결한 다음 그 위에 널빤지를 깐 배다리를 만들어 건넜다. 67쪽은 정조의 행차가 노량진의 배다리를 건너는 그림인데, 강 양쪽에 가득한 구경꾼의 모습도 보인다.

마지막 구경거리로는 과거 시험의 여러 가지 광경을 들었다. 과거 시험에 대한 기록은 대부분 과거에 응시할 자격이 있

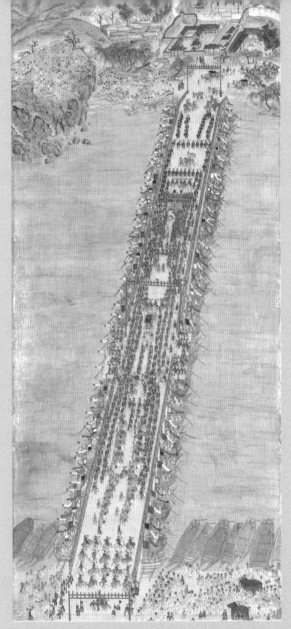

정조가 어머니 회갑을 기념하여 화성에서 개최한 행사에 다녀오는
모습을 여덟 폭 그림에 담아 「화성능행도병풍」으로 만들었다.
이 그림은 그중 '환궁길 한강 배다리' 장면이다. 국립고궁박물관.

는 사람들의 시각에서 쓴 것인데, 『한양가』는 구경꾼의 시선으로 과거 시험을 그렸다. 여기서 묘사한 과거 시험장은 창덕궁 영화당 앞의 넓은 뜰인 춘당대이고, 임금이 직접 참석하는 알성시이다. 임금이 참관하는 시험이므로 임금이 좌정하는 옥좌 뒤에 펼치는 병풍인 오봉산일월병풍을 세워 놓고, 용무늬를 놓아서 짠 돗자리를 깔며, 햇빛을 가리는 양산도 준비한다. 과거 응시생들은 창경궁의 여러 문으로 들어오는데, 좋은 자리를 잡기 위해 해뜨기 전에 등불을 들고 오므로 밤중에 문을 미리 열어 놓는다.

화려한 임금의 행차가 도착한 후 임금이 직접 문제지를 건네면, 수험생들이 모두 볼 수 있게 높이 건다. 수험생이 답안지를 제출하면 이를 열 장씩 묶어서 쌓아 놓는다. 산처럼 쌓인 답안지를 시관이 빠른 속도로 채점하여 임금 앞에서 합격자를 결정한다. 채점하는 동안 수험생들은 모여 앉아 발표를 기다린다. 이윽고 합격자의 이름이 불리면, 당사자는 대답하고 임금의 앞으로 나아간다. 합격자들은 임금이 내려 준 술을 마시고, 머리에 어사화를 꽂은 다음 대궐문을 나온다. 급제자들이 서울 거리를 누비는 모습은 시민들에게 큰 구경거리였다.

이상 19세기 중반 서울의 구경거리 다섯 가지를 살펴보았는데, 여기에는 서울 사람들의 자신감과 자부심이 잘 드러나 있다. 이러한 서민의 자부심과 자신감이 국가의 융성과 연결되기 위해서 정치가 어떤 역할을 해야 하는가에 대해서는, 19세기 후반 이후의 우리 역사가 잘 말해 준다.

5

떼목

강원도 소나무는 어떻게 서울까지 왔을까?

현재는 꽤 알려진 여름철 스포츠의 하나인 래프팅은, 우리나라에서는 1990년대부터 본격적으로 시작되었다. '래프팅'은 영어 'rafting'을 그대로 쓰는 것인데, 'raft'에는 두 가지 의미가 있다. 하나는 나무나 통으로 만든 평평한 구조물로, 물 위에 띄워서 사람이나 물건을 운반하기 위한 것을 가리킨다. 다른 하나는 바람을 넣어서 물 위에 띄우는 작은 배를 말한다. 우리말로 한다면 하나는 뗏목이고, 또 하나는 고무보트 같은 것이라고 할 수 있다.

　과거 우리나라에서는 스포츠가 아니라 생계를 위해 뗏목을 타는 사람들이 있었다. 벌채한 목재를 강 상류 지역에서 하류 지역으로 운송하기 위해 뗏목을 만들어서 이 위에 타고 하류로 내려가던 떼꾼(떼몰이꾼)이 바로 그들이다. 이들 떼꾼이 몰고 오는 뗏목이 없었다면 조선시대 서울에서는 집 짓는 데 필요한 재목이나 취사를 위한 땔나무를 충분히 공급받기 어려웠을 것이다.

배와 달리 뗏목은 물의 흐름을 따라 하류로 내려올 수 있을 뿐이지 강을 거슬러 올라갈 수는 없으므로, 상류에서 하류 지역으로 물자를 수송하는 수단이다. 조선시대 뗏목을 이용한 물자의 운반은 큰 강들에서는 모두 이루어졌는데, 현재 남한의 한강, 낙동강, 금강 등에서는 뗏목을 이용한 물자의 운반이 활발했다. 이 가운데 가장 중요한 경로는 조선의 수도인 서울을 지나가는 한강이다. 한강의 큰 줄기인 북한강과 남한강을 통해서 내려온 뗏목은 양수리를 거쳐 뚝섬이나 용산, 마포까지 이르렀다. 현재 우리나라에서 가장 유명한 래프팅 장소가 북한강에서는 인제의 내린천이고 남한강에서는 영월의 동강인데, 두 곳 모두 조선시대에 뗏목을 내려보내던 곳이다.

민속으로 남은 뗏목

오랜 기간 서울에 목재를 공급하던 한강의 뗏목은 1960년대에 들어서면서 그 역할을 다한 것으로 보인다. 뗏목에 관한 기존의 연구를 보면, 북한강의 뗏목은 1944년 화천댐의 건설로 사라지고, 남한강의 뗏목은 1950년 한국전쟁으로 끝난 것으로 보고 있다. 그런데 1960년대 초까지도 신문에서 뗏목 관련 기사와 사진을 간간이 볼 수 있었다. 「경향신문」(1960. 5. 28.)에서는 '추억을 두고 오는 뗏목'이라는 제목 아래 '마포 앞강의 뗏목'이라는 설명이 붙은 뗏목 사진이 실려 있다. 그리고 함부로 벌채하는 것을 보도한 「동아일보」(1960. 9. 24.)의 기사에서도 뗏목을 볼 수 있는데, 북한강 유역에서 "목재를 그대로 '뗏목'으로 엮어" 하류로 내려보내는 사진과 함께 문제점을 보도했다.

1960년대 초까지 보이던 뗏목 관련 기사가 그 이후에는 나오지 않는 것으로 보아, 이 시기에 뗏목은 경제적 가치가 없어지면서 사라진 것이 분명하다. 이렇게 된 데에는 여러 가지 요인이 있을 텐데, 산림 자원의 황폐로 인해 벨 만한 나무가 없었을 수도 있고, 콘크리트와 벽돌이 중요한 건축자재가 되면서 나무가 예전만큼 많이 필요하지 않게 되었을 수도 있다. 이렇게 현실적인 수요가 없어지면서, 뗏목은 과거의 향수를 불러일으키는 전통문화의 하나가 된다.

「중앙일보」(1997. 8. 1.)는, '뗏목 축제와 함께 영월의 시원한 계곡에서 무더위를 식히세요'라는 제목의 기사에서, "한여름 영월 동강 뗏목 축제가 1일부터 3일까지 강원도 영월군 영월읍 동강 변에서 열린다."고 보도했다. 이 기사에는 "영월의 동강변은 과거 인근 정선과 영월 지역 목재상들이 남한강을 따라 서울 마포나루와 광나루까지 뗏목으로 목재를 실어 나를 때 쉬어 가던 쉼터. 1960년대까지 명맥을 유지하던 뗏목은 교통수단이 발달하자 1970년대 들어 자취를 감췄다. 이번 축제에는 뗏목을 만들었던 경험이 있는 이 지역 60~70대 노인들이 참여, 1일 오전 10시 길이 15미터 폭 3미터의 뗏목 5개를 엮는 뗏목 만들기를 재현한다."는 내용이 들어 있다.

21세기가 되면 뗏목이 민속놀이로 재현되거나, '뗏목'이라는 명칭을 붙인 축제가 등장하기 시작한다. 함경도 개마고원에서 베어 낸 나무를 뗏목으로 만들어 두만강에 띄워 운반할 때 떼꾼들이 부르던 노래가 '두만강 뗏목놀이 소리'라는 이름으로 2007년 무형문화재로 지정되었다. 그리고 남한강과 북한강에서 뗏목을 만들어 서울로 내려보내던 인제, 정선, 영월 등지에서는 영월 동강의 뗏목축제, 정선의 아우라지 뗏목축제, 인제의 인제 뗏목놀이 등을 만들어서 지역 홍보의 자료로 쓰고 있다.

이제는 역사의 한 장으로만 남아 잊히고 있는 뗏목이지만, 조선시대에는 뗏목에 부과하는 세금이 상당히 중요한 국가 수입원이었다. 그리고 뗏목과 관련된 일로 생계를 유지하는 사람들도 상당수 있었다. 나무를 베는 벌목꾼, 벌채한 나무를 뗏

위는 1920년 땔감시장의 모습으로 소가 등에 땔감을 지고 있다.(『조선풍경인속사진첩』)
아래는 1926년 평안북도 고산진에서 목재가 물에 떠내려가지 않도록
뗏목을 묶어 둔 모습이다.(『반도의 취록』) 서울역사박물관.

목으로 엮어 이를 타고 서울까지 운반하는 떼꾼, 뚝섬이나 마포 등지의 강변에서 서울의 사대문 안까지 마차로 다시 재목을 옮기는 차부(車夫), 이 재목으로 집을 짓는 목수, 강변에서 떼꾼들에게 갖가지 서비스를 제공하는 여관이나 술집에서 일하는 사람 등등은 모두 뗏목과 관련된 일로 돈을 벌었다.

서울까지 흘러오는 뗏목

근래에 한강의 뗏목에 관한 학술논문이 몇 편 나왔는데, 이들 논문은 1920년대부터 1950년대 사이에 뗏목을 탔던 떼꾼들을 인터뷰한 내용을 바탕으로 한 것이다. 이들이 남긴 기록은 오래전부터 이어진 뗏목 역사의 마지막 부분이라는 점에서 대단히 귀중한 자료이지만, 조선시대의 뗏목과 완전히 같은 것인지는 알 수 없다는 문제가 있다.

조선시대 뗏목에 관한 구체적 내용을 알 수 있는 자료의 하나로 서울의 무당이 부르는 「황제풀이」라는 노래가 있다. 이노래는 「성주풀이」라고도 하는데, 성주는 집을 지켜 주는 신령이다. 집을 짓거나 이사한 뒤에 새로 성주를 받아들이는 굿을 할 때 이 노래를 부르는데, 여기에는 깊은 산에서 나무를 베어 뗏목으로 운반해서 집을 짓는 과정이 들어 있다. 「황제풀이」에 나오는 순서대로 나무를 베어서 운반하는 과정을 보기로 한다.

가장 먼저 할 일은 관청에 가서 나무를 베겠다는 허가를 받고, 이 벌목 허가장을 나무를 벨 지방 관아에 제출하는 것이다. 그리고 나무를 베는 일꾼들은 목욕재계하고 고사를 지낸 다음, 나무를 베어 산 아래로 내려보내 강변에서 뗏목을 만든다. 뗏목에는 깃발을 꽂았는데, 사방에 각기 그 방향에 맞는 색깔의 깃발을, 한가운데는 성주신을 상징하는 황색의 깃발을 꽂았다. 뗏군은 낮에는 뗏목을 타고 강물을 따라 내려오다가 밤이 되면 뗏목을 육지에 대고 잠을 자면서, 여러 날 걸려 서울에 도착한다. 뗏목이 서울의 관문인 뚝섬에 도착하면, 뗏목 가격의 10퍼센트를 세금으로 냈다. 그리고 용산이나 마포에 도착해서 뗏목을 푼 다음, 마차로 서울 시내까지 운반했다.

「황제풀이」는 매우 긴 노래로, 재목을 운반해서 새로 지을 집에 도착한 이후에는, 집을 짓는 과정과 집의 여러 장소에 대한 축원이 자세하게 나온다.

뗏목 연구자들이 논문에서 기술한 내용과 「황제풀이」의 내용에 큰 차이가 없는 것으로 보아, 조선 후기와 1940년대의 뗏목 운행 방식은 대체로 비슷했던 것 같다. 다만 20세기 뗏목이 주로 재목을 운반했다면, 조선시대에는 재목만이 아니라 땔나무와 숯을 굽기 위한 나무도 있었다는 점이 다르다.

조선시대 나무의 용도는 크게 세 가지로 나눠 볼 수 있다.

첫째는 목재를 그대로 쓰는 것으로, 건물이나 선박 그리고 가구나 관 같은 것을 만드는 데 필요한 나무이다. 둘째는 시탄(柴炭)으로, 난방이나 취사를 위해 불을 때는 데 필요한 나무와 숯을 만들기 위한 재료로서 나무가 있다. 셋째는 종이를 만드는 데 쓰이는 나무이다. 종이는 각 지방에서 만들어 서울로 가져오는 것이므로 뗏목과 관련이 없지만, 목재와 땔나무는 서울까지 뗏목으로 운반해 오지 않으면 안 된다. 숯은 주로 서울 근교에서 생산해서 서울로 들여왔는데, 숯을 굽는 곳까지는 뗏목으로 나무를 운반하기도 했다.

뗏목으로 운반하는 나무 가운데 가장 중요한 것은 목재이고, 그다음이 땔나무였다. 조선 후기 서울에는 여러 곳에 집 짓는 재목을 파는 가게가 있었다. 재목을 장목(長木)이라고 했는데, 성안에 있는 장목 파는 점포를 내장목전(內長木廛)이라 하고, 성 밖에 있는 것은 외장목전(外長木廛)이라고 했다. 그리고 땔나무를 파는 점포는 시목전(柴木廛)이라고 불렸는데, 용산과 두모포에 있었다. 용산은 현재의 용산이며, 두모포는 성동구 옥수동을 가리킨다. 두 군데 모두 한강 변에 있으므로 뗏목으로 운반해 온 땔나무를 파는 곳으로 적격인 셈이다.

조선시대에는 집을 지을 때 소나무를 많이 썼는데, 단단하고 잘 썩지 않는 성질을 가졌기 때문이다. 조선 말에 대원군이 경복궁을 중건할 때 쓰인 나무가 대부분 소나무인 것으로 보아, 궁궐의 건축에는 반드시 소나무를 사용했음을 알 수 있다. 그러므로 조선 후기에 한강의 상류에서 뗏목으로 운반해 온 목재는 대부분 소나무였다.

재목의 왕, 황장목

소나무는 모르는 사람이 없지만 '황장목(黃腸木)'이라는 말은 귀에 익지 않은 단어이고, '금강송(金剛松)'은 어디선가 들은 적이 있을 터이다. 황장목과 금강송은 좋은 소나무를 가리키는 단어인데, 현재는 '황장목'보다 '금강송'이 더 많이 쓰이고 있다. 국보인 남대문이 방화로 불에 탄 이후, 남대문 복원에 사용된 나무가 '금강송'이라고 해서 화제가 된 일이 있었다. 그런데 국립국어원의 표준국어대사전에서 황장목을 찾아보면 "임금의 관을 만드는 데 쓰던, 질이 좋은 소나무"라고 되어 있는 반면, 금강송은 표제어로 올라 있지 않다. 황장목은 목재의 중심부가 누런색인 단단한 소나무를 가리키는 말로 조선시대에 쓰던 단어이고, 금강송은 일본의 식물학자가 강원도 지역의 소나무에 붙인 이름이다.

근래에 이 소나무 이름을 두고 두 지역에서 각기 자신들의 주장을 펴고 있다. 경상북도 울진군 서면은 2015년 면의 명칭을 '금강송면'으로 바꾸면서 울진군과 금강송의 관계를 강조하고 있다. 그리고 강원도 원주의 치악산에서는 '황장목 숲길'을 조성하면서 금강송이라는 말보다는 황장목이라고 불러야 한다는 점을 강조하고 있다. 그런데 황장목 또는 금강송으로 불리는 소나무의 산지는 강원도 산간 지역만은 아니었다. 충청남도 안면도, 전라북도 부안의 변산, 전라남도 완도 등지 모두 황장목의 산지라는 조선시대의 기록이 있다. 어떻게 보면, 한국에서 나는 소나무 가운데 수령이 150년이 넘는 나무는 모두 황장목이나 금강송이라고 불러도 괜찮은 것인지도 모른다.

황장목은 대궐의 건물을 짓거나 선박을 건조할 때 쓰는 목재일 뿐 아니라, 왕이나 왕비를 비롯한 왕실 사람들의 관을 만들 때 쓰는 목재였으므로, 국가에서 필요한 물량을 충분히 확보해 두지 않으면 안 되었다. 소나무가 150년 이상은 자라야 황장목이 되므로, 국가에서 필요할 때에 곧바로 쓰기 위해서는 계획적으로 관리해야 했다. 조선시대에 황장목은 엄격하게 나라의 보호를 받았다. 특히 정부에서 황장목을 베지 못하게 지정한 산을 황장산 또는 황장봉산(黃腸封山)이라고 하는데, 이런 산의 나무를 베다가 적발되면 사형을 당하기도 했다. 그런데 황장목처럼 좋은 재목은 민간에서도 수요가 많았기 때문에, 불법적으로 황장목을 베는 일이 많았다. 엄격하게 국가에서 관리한다고 하지만, 감독하는 관리가 목재상과 짜고 부정을 저지르면 현실적으로 이를 막기는 어려웠던 것으로 보인다.

뗏목은 이제 민속놀이에서 과거를 재현하는 행사에서나 볼 수 있게 되었는데, 지난날 뗏목을 엮어 하류로 내려보내던 곳이 현재는 래프팅의 명소가 되었다. 뗏목이 지나가던 한강에는 여러 군데 거대한 댐이 건설되어 물길이 이어지지는 못하지만, 고속도로와 국도 그리고 지방도가 함께 어우러져 자동찻길은 이어지고 있다. 강원도의 국도를 지나다 보면 소나무를 싣고 달리는 트럭을 자주 볼 수 있는데, 그 방향은 예외 없이 서울을 향하고 있다. 목재로 사용하는 것이 아니라, 정원의 조경을 위해 소나무를 반출하는 것이다. 과거처럼 강물을 따라 뗏목으로 엮여 흘러가는 것이 아니라 아스팔트 국도를 따라 트럭에 실려 가고 있지만, 강원도의 소나무는 여전히 서울로 향하고 있다.

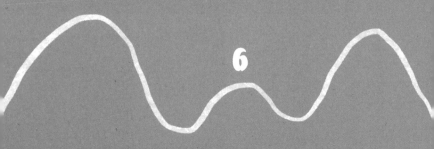

6

얼음

옛날 사람들도 얼음을 먹었을까?

어렸을 때 여름이면 얼음 사 오는 심부름을 가곤 했다. 얼음 값이 얼마였는지는 기억나지 않지만, 얼음집 주인이 커다란 얼음덩어리에서 달라는 만큼 톱으로 잘라서 새끼로 묶어 주면, 그 얼음을 손바닥으로 한 번씩 문지르면서 들고 오던 때의 시원함은 생각이 난다. 더운 여름 날, 이렇게 사 온 얼음을 잘게 쪼개서 과일화채에 넣어 먹던 기억도 있다. 요즈음은 시원한 간식이 많아져서 그런지 더운 여름에도 얼음을 띄운 화채가 맛있는 먹거리로 떠오르지는 않는다.

우리나라의 냉장고 보급률은 1965년에는 1퍼센트가 되지 않았고 1975년에도 6.5퍼센트였으니, 냉장고가 충분히 보급되기 전까지는 많은 집에서 여전히 얼음을 사다 먹었다. 요즈음에는 상상하기 어려운 일이지만, 1960년대까지는 겨울에 한강에서 얼음을 채취해 보관해 두었다가 여름에 판매하는 일도 많았다. 얼음 관련 자료를 찾아보니, 1950년대 후반에는 이렇게 채취한 천연빙과 구별하기 위해 제빙 공장에서 만든 얼음에는 노란색 물감을 들여서 팔게 했다는 기록이 있다. 필자가 어려서 새끼줄로 묶어서 사 오던 얼음은 흰색이었으니, 그것은 공장에서 만든 것이 아니라 겨울에 채취해 두었던 얼음이었는지도 모르겠다는 생각이 들었다.

얼음을 인공적으로 만드는 기술이 나오기 이전에는, 겨울에 얼음을 채취해서 저장해 두었다가 여름철에 사용했다. 『삼국사기』나 『고려사』 등에도 이런 기록은 많이 있고, 조선시대의 기록에는 더욱 많은 자료가 남아 있다. 특히 조선 후기에 들어와서 소고기와 생선의 소비가 늘면서 얼음의 수요가 매우 커졌다. 20세기 초에 얼음 공장이 생기기 전에는 겨울에 채취해둔 천연빙으로 모든 얼음의 수요를 해결했다.

얼음의 채취와 저장

조선 초기에 얼음을 채취하고 저장하는 일은 국가에서 관장했다. 벼슬이 높은 사람에게는 개인적으로 얼음을 보관하는 창고를 가질 수 있도록 허용했지만, 평민이 사적으로 얼음을 채취하고 보관하는 일은 금지했다. 이런 상황은 18세기 후반

이 되면 상당히 바뀌어서, 일반인들도 여름에 얼음을 쓸 수 있게 된다.

서울의 용산구에 있는 '서빙고동'이라는 명칭은 조선시대 이곳에 얼음을 저장하는 창고 '서빙고'가 있었기 때문에 붙은 이름이다. 얼음을 저장하는 창고를 빙고(氷庫)라고 하는데, 조선시대에는 서빙고와 함께 현재 성동구 옥수동 지역에 동빙고가 있었다. 동빙고에는 국가에서 제사 지낼 때 쓰는 얼음을, 서빙고에는 나라에서 사용하거나 여러 관청과 높은 관료들에게 나눠 주는 얼음을 저장했다. 그 외에 내빙고라고 하여 대궐에서 사용하는 얼음을 보관하는 창고가 따로 있었다.

서울에서 사용하는 얼음은 한강에서 채취했는데, 얼음의 두께가 약 12센티미터 이상이 되면 채빙을 시작한다. 낮에 채빙하면 얼음이 녹을 염려가 있으므로 이 작업은 밤에 이루어졌다. 밤에 강에서 잘라 낸 얼음을 쌓아 두었다가, 아침이면 일꾼들이 얼음을 등에 지고 창고로 나른다. 이 작업은 매우 고되고 위험해서 얼어 죽는 인부가 생기기도 했다고 한다. 또 숙련된 인부가 아니면 해내기가 어려웠기 때문에 강변에서 이 일을 전문적으로 하는 사람들이 있었다.

현재 남한에 남아 있는 몇 군데의 빙고들은 돌로 만든 석빙고인데, 조선시대 서울에서 얼음을 저장하던 동빙고와 서빙고

THE ACTUAL SCENE OF ICE CUTTING AT KWANKO RIVER, KEIJO
況實ノ氷採江漢山龍城京　（所名鮮朝）

한강철교 아래에서 채빙하는 광경을 담은 사진 엽서이다. 톱으로 두꺼운 얼음을
잘라내고, 큰 집게로 끌어올려 수레에 실어 운반했다. 서울역사박물관.

는 석빙고가 아니었다. 빙고를 어떻게 만들었는지는 정확하게 알려진 것이 없으나, 몇몇 기록이나 그림을 통해 만드는 과정과 모양을 추정해 볼 수 있다. 빙고를 설치하는 장소는 얼음을 채취하는 곳에서 멀어서는 안 되기 때문에, 서울에서는 주로 한강 변의 산기슭에 만들어 놓았다. 겨울에 채취한 얼음을 여름에 사용할 때까지 녹지 않도록 보관하는 것이 가장 중요한 일이므로, 햇볕이 든다거나 물이 흘러들어 가지 않는 장소를 골라서 빙고를 만들어야 했다.

얼음을 보관하는 창고가 일반 건물과 다른 점은 지상이 아니라 지하에 짓는다는 것이다. 땅을 파고 여기에 지하 창고를 만든 것이 빙고인데, 한 채의 빙고는 여러 칸으로 나뉘어 있고, 매 칸마다 단열의 효과를 높이기 위해 바닥과 천정 그리고 사방 벽에 갈대를 채워 넣는다. 각 칸에 얼음을 쌓을 때는 일정한 규격에 맞춰 자른 뒤 촘촘히 쟁여서 얼음의 틈 사이로 바람이 통하지 못하게 하는 것이 중요했다. 만약 바람이 통하게 되면 얼음이 녹거나 부서지기 때문이다.

매년 음력 12월에 얼음을 빙고에 저장하고 이듬해 춘분에 빙고를 여는데, 이때에 모두 물을 다스리는 신에게 제사를 지낸다. 빙고에 저장한 얼음 가운데 실제로 사용할 수 있는 양은 3분의 1가량이고, 나머지 3분의 2는 저장하는 동안 녹아서 없어진다. 빙고 안은 언제나 습하고 물기가 있으므로 목재가 금방 상하고, 또 창고 안에 단열재로 쌓아 놓은 갈대나 지붕을 덮은 짚은 화재에 취약해서 불이 나기도 했으므로, 빙고는 끊임없이 새로 짓거나 보수했다.

얼음의 용도

얼음의 용도는 여러 가지인데, 여름에 더위를 이길 수 있도록 시원한 음료를 만드는 데 직접 사용하기도 하고, 음식을 보관하는 데도 쓰인다. 그리고 왕족이나 높은 관료들이 죽어 장사를 지낼 때는 부패를 방지하기 위해 시신을 얼음판 위에 놓아두었다. 각 지방에서 궁중에 진상하는 생물 특산물이 상하지 않도록 수송할 때도 얼음이 필요한데, 이런 기록도 쉽게 볼 수 있다.

『승정원일기』 인조 3년(1625) 8월의 기록을 보면, 황해도에서 대궐의 대왕대비 계신 곳에 진상한 대합조개와 참숭어가 상해서 벌레가 생겼는데, 이것은 운반하는 사람이 얼음을 제대로 채워 넣지 않아서 이렇게 된 것이니 담당자를 잡아 가두어야 한다고 보고한 것이 있다. 그리고 영조 36년(1760) 5월 충청도 예산에서 상급 기관에 보고한 문서에는, 서울의 대궐에 진상하는 생전복에 넣을 얼음을 구하기 어렵다는 내용이 들어 있다. 이런 기록을 보면 서울만이 아니라 지방에도 얼음을 보관하는 빙고가 있었다는 사실을 알 수 있다.

조선 후기의 지방 지도 가운데는 빙고를 표시해 놓은 곳이 여러 가지 있다. 90쪽 위는 평안도 중화의 지도인데, 여기에 그려진 빙고를 보면 보통의 건물과 달리 기둥이 없고, 기와집이 아니라 초가집임을 알 수 있다. 그리고 빙고가 산 밑에 있다는 사실도 확인할 수 있다. 같은 쪽 아래 그림은 황해도 장단의 지도에 표시된 빙고를 확대한 것인데, 중화의 빙고와 마찬가지로 기둥이 없고, 초가지붕임을 알 수 있다.

조선시대 얼음의 용도는 이와 같이 주로 왕실과 관청에서 사용하는 것이었는데, 조선 후기에는 민간에서도 얼음을 사용했고, 그 양이 관청에서 쓰는 것보다 많아진다. 서울에 들여오는 생선의 신선도를 유지하기 위해 얼음을 사용하는 일이 늘었고, 서울에 많이 생겨난 푸줏간에서도 얼음이 필요했다.

다산 정약용의 얼음 저장 방법

다산 정약용이 정조의 총애와 신뢰를 받았다는 것은 잘 알려진 사실인데, 정조는 그의 말년에 정약용을 황해도 곡산의 부사로 보냈다. 곡산은 대부분이 산이고, 인구도 적은 지역이다. 정조가 권력의 요직인 승정원의 동부승지 자리에 있던 다산을 곡산으로 발령 낸 것은 끊임없이 다산을 공격하는 무리

평안도 중화의 지도(위)와 황해도 장단의 지도(아래)에 그려진 빙고를 보면
기둥은 없고 지붕만 그려 놓았다. 규장각한국학연구원.

들로부터 그를 보호하기 위한 조치였다고 한다. 그러나 잘 알려진 대로 정조가 승하한 후 다산은 곧바로 18년이라는 긴 유배 생활을 겪게 된다.

다산이 곡산 부사를 지내던 시절의 이야기가 여러 가지 전하는데, 그중에는 얼음을 저장하는 방법에 대한 것도 있다. 조선시대에는 서울에서만이 아니라 얼음이 어는 지방에서는 대부분 겨울에 얼음을 채취해서 저장해 두었다. 특히 서울의 대궐에 진상하는 물품을 신선하게 보관하기 위해서는 얼음이 반드시 필요했으므로, 각 지방에서도 자체적으로 빙고를 만들었다. 그런데 여기에 들어가는 비용이 상당했을 뿐 아니라, 얼음의 채취와 보관은 민폐를 끼치는 일이기도 했다.

정약용은 곡산에 부임한 후, 얼음을 채취해서 저장하지 말라고 지시했다. 그러자 아전들은 여름에 얼음을 쓰지 않겠다는 말로 알아듣고, 만약 나중에 사또가 바뀌어서 새로운 사또가 얼음을 찾는다면 자기들이 곤란해진다고 말했다. 이에 다산은 얼음을 저장하는 다른 방도가 있다고 말하고, 다음과 같은 방법으로 얼음을 저장했다.

먼저 햇볕이 들지 않는 응달에 구덩이를 파서 토굴을 만들고, 그 벽에는 석회와 모래, 흙을 섞어서 발라 둔다. 그리고 아주 추운 날이 되면 이 토굴에 물을 부어 얼리는데, 차츰차츰 부어서 구덩이가 가득 차도록 얼린다. 이렇게 하면 토굴에 부은 물 전체가 하나의 큰 얼음덩어리가 되고, 여기에 일반 빙고처럼 위를 덮어 두면 여름까지 얼음이 녹지 않는다. 만약 우물이 멀 경우에는 대롱을 이어서 홈통을 만들어 물을 끌어온다.

다산은 곡산에 재임하는 동안 이 방식으로 직접 얼음을 만들어 저장했는데, 여름에 토굴을 열면 얼음이 매우 단단해서 도끼로 쳐서 겨우 깨뜨릴 수 있을 정도였다고 한다. 당시 서울에서는 한강에서 얼음을 채취하여 빙고까지 운반해서 저장했는데, 다산은 자신이 곡산에서 시험한 이 얼음의 제조와 저장 방식으로 인력이나 경비를 크게 줄일 수 있을 것으로 예상했다. 이를 임금에게 아뢰어서 실행하려 했으나, 정조의 승하와 함께 다산도 유배를 가면서 결국 흐지부지되고 말았다.

민간의 얼음 사업

조선시대 얼음의 채취와 보관은 원래 국가에서 주관했는데, 이 일의 일부를 민간에 하청을 주면서 민간의 얼음 사업이 나타나게 된다. 일반적으로 18세기 후반에 민간인 얼음 사업자가 나타났다고 하지만, 얼음 채취가 원체 힘들고 기술이 필요한 일이므로 일찍부터 민간인에게 이 일을 맡겼던 것으로 보인다. 임진왜란 이전에도 국가에서는 군인을 동원하여 얼음을 채취했는데, 군인들이 강변에 사는 민간인들이 채취한 얼음을 구입해서 자신의 몫으로 바쳤다는 기록이 있다. 그러나 조선 후기 민간의 얼음 사업에 관한 자세한 기록이 없으므로, 20세기의 기록을 바탕으로 추정하는 수밖에 없다.

조선의 마지막 임금 순종은 1909년 9월 일본인에게 얼음 공장과 얼음 창고의 설비를 맡겼고, 이듬해 3월 부산에서 준공을 보게 되었다. 이 회사는 하루 6톤의 제빙 능력을 갖추었으며, 대부분 수산물의 냉장 운반에 쓰였다. 회사가 더 생겨나서 1914년 부산의 연간 얼음 생산량은 약 2,600톤까지 늘어난다. 이후 서울에도 제빙 공장이 만들어졌으며, 서울에 얼음이 부족하면 압록강에서 채취한 얼음을 기차로 운반해 오기도 했다.

인조빙의 생산이 늘어나고 다른 지역의 천연빙까지 서울에 들어오자, 조선시대부터 한강에서 얼음을 채취해서 상당한 이익을 내던 전통적인 얼음 장수들은 위기를 느끼게 된다. 특히 천연빙에 유해 물질이나 세균이 들어 있어서 당국이 판매를 금지하는 일이 생기면서, 천연빙 사업은 또 다른 어려움에 처하게 된다.

1925년 1월 16일 자 「동아일보」에는 조선시대 한강에서 얼음을 채취해서 판매하는 사업에 관한 내용을 알 수 있게 해 주는 기사가 실렸다. 이 기사는 빙고업(氷庫業)이 수백 년 이래 조선인이 해 온 사업이라는 점을 먼저 밝혔다. 겨울에 한강이 얼면 그 근처에 빙고를 짓고 얼음을 채취하여 저장했다가, 여름철에 얼음이 필요한 사람들에게 파는 것이라고 했다. 또 이 사업에 드는 돈은 채취한 얼음을 얼음 창고까지 운반하는 일꾼에게 주는 삯이 전부로, 약 20킬로그램짜리 얼음 한 덩어리에 3~4전가량이며, 여름이 되면 이를 70전 내지 1원에 판매한다는 것이다. 이익이 상당히 남는 사업이었다.

이 신문 기사는 당국에서 한강의 얼음 채취를 금지했기 때문에 노동자들이 일자리를 잃었다는 내용과 함께, 수백 년 전부터 조선 사람들이 해 오던 사업을 할 수 없게 되었다는 주장을 보도한 것이다. 그리고 겨울에 한강에서 채취한 얼음을 여름까지 보관해서 하절기에 생선을 신선하게 유통시키는 데 사용해 왔는데, 이제 이 일도 할 수 없게 되었다는 점도 강조했다. 이 기사에 따르면 18세기 후반부터 20세기 초까지 민간의 얼음 사업은 거의 같은 방식이었을 것이라고 보아도 무방할 것 같다.

20세기 들어와서 천연빙에 유해 세균이 들어 있다는 사실이 알려지면서, 이를 식용으로 사용하는 데 대한 당국의 감시가 점점 엄격해졌다. 심지어 1957년에는 천연빙과 인조빙을 구분할 수 있도록 얼음을 만들 때 노란색 물감을 들이라는 지시를 내린 일도 있었다. 그러나 다방의 냉커피나 음식점의 냉면에 들어 있는 얼음 가운데 '노란 얼음'을 사용하는 곳이 별로 없었다고 하니, 당시 대부분의 서울 음식점이나 다방에서는 비싼 인조빙보다 값싼 천연빙을 쓴 모양이다. 1960년대 초까지도 서울 근교의 한강변 야산에 수십 톤에서 수백 톤에 이르는 얼음을 묻어 놓은 것을 적발한 보도가 있는 것을 보면, 조선 후기부터 전해진 얼음 사업의 오랜 '전통'이 이때까지도 계속되고 있었음을 알 수 있다.

이제는 한강이 얼어붙어도 그 위에서 스케이트를 타는 사람은 없고, 얼음을 채취해서 식용이나 냉장용으로 팔거나 사겠다는 생각을 하는 사람도 없는 시대가 되었다. 게다가 지구온난화로 인해 겨울에도 얼음을 채취할 만큼 한강이 얼지 않는 해가 훨씬 잦아졌다. 조선시대에도 겨울에 날씨가 춥지 않아서 한강 물이 제대로 얼지 않을 때가 가끔 있었는데, 그러면 한강의 상류로 올라가서 얼음을 채취해야 했다. 정조 때도 이런 일이 있었는데, 임금은 자신이 덕이 없어서 얼음이 얼지 않는다고 자책했다. 그리고 채취하는 얼음의 양을 줄여서 백성의 노역을 어떻게 해서든지 줄이도록 하라고 명령했다. 사소한 일처럼 보이는 데에서도 현명한 군주의 깊은 애민 정신이 드러난다.

유리

조선의 사치품은 무엇이었나?

요즈음도 유리병에 넣어서 파는 우유가 있기는 하지만, 플라스틱이나 종이로 만든 용기가 훨씬 일반적이다. 유리병에 넣은 우유를 배달하던 시절에는 배달원이 빈 우유병을 수거하는 일도 맡아서 했다. 빈 우유병을 세척해서 다시 쓰는 것이 경제적으로 더 유리했기 때문인 것 같다. 그러나 요즈음 유리병뿐만이 아니라 거울이나 유리잔 등 유리로 만든 물건을 특별히 귀중하게 여기는 사람은 별로 없을 것이다. 명품 회사에서 만든 유리 제품이라야 겨우 사람들의 관심을 끈다.

　우리나라에서 유리 제품이 흔한 물건이 된 것은 20세기 말에 이르러서인 것 같다. 그 전까지는 유리를 그렇게 하찮게 보지는 않는데, 아마도 조선시대 선조들이 유리를 귀하게 여겼기 때문일 것이다.

거울에 얽힌 우스운 이야기

잘 알려진 거울 이야기를 하나 보기로 한다. 홍만종(1643~1725)이 쓴 『명엽지해』는 우스운 이야기를 모아 놓은 책이다. 여기에 부부가 거울 때문에 다투다가 원님 앞에 가서 재판한다는 이야기가 있는데, 내용을 요약하면 다음과 같다.

어느 시골 여자가 서울에 가는 남편에게 '거울'이라는 물건을 사다 달라고 하였다. 평생 거울을 보지 못했던 아내가 남편이 사다 준 거울을 보니 어떤 여자가 남편 옆에 앉아 있었다. 아내는 남편이 첩을 하나 데리고 왔다고 생각하여 크게 화를 냈다. 남편이 이상해서 거울을 보니 아내 옆에 어떤 남자가 앉아 있었다. 남편은 아내가 샛서방을 얻었다고 화를 냈다. 두 사람이 싸우다 거울을 가지고 원님에게 가서 이 문제를 해결해 달라고 하였다. 원님이 거울을 보니 관복을 입은 원님 한 사람이 있어서, 신관 사또가 교대하러 왔다고 생각하고 급히 업무 인수인계를 하려고 했다는 이야기이다.

원래는 불경에 있는 거울 이야기에서 온 것이라고 하니 근원이 오래된 이야기이다. 또 전국적으로 많이 알려져 있어서 다양한 버전이 있다. 중국과 일본에도 이와 비슷한 이야기가 있는 것으로 보아, 인도에서 시작되어 동아시아로 퍼진 것이다. 불경에서는 실상과 가상을 혼동하는 어리석은 사람을 비유

한 이야기였는데, 전해 오면서 이렇게 우스운 내용이 되었다.

그런데 『명엽지해』의 이야기에서 남편이 서울에서 사 온 거울은 유리 거울이 아니라 청동 거울이다. 원문에 '청동경(靑銅鏡)'이라고 되어 있다. 청동 거울은 둥그런 청동의 한쪽 면을 곱게 갈아서 거울로 사용하는 것으로, 유리 거울이 사용되기 전에는 모두 이 청동 거울을 썼다. 『명엽지해』의 이야기를 통해서 알 수 있는 것은, 홍만종이 살던 시대에는 거울이라고 하면 이 청동 거울을 가리켰다는 사실이다.

그렇다면 조선에서는 언제부터 유리 거울을 사용하였으며, 이 유리 거울은 어디서 왔을까?

러시아 거울의 수입

병자호란 이후 조선에서는 일 년에 몇 차례씩 청나라에 사신을 보냈는데, 이를 일반적으로 연행이라고 하고, 이들 사신을 연행사라고 부른다. 연행이란 북경을 달리 이르던 연경(燕京)을 간다는 의미인데, 약 250년에 걸쳐 여러 가지 명목으로 청나라에 간 사신의 행차는 500회가 넘는다. 연행의 공식 사절은 세 사람으로, 정사와 부사 그리고 서장관이다. 공식 관리 외에 이들을 수행하는 통역관, 군인, 짐꾼 등을 합하여 대개 200~300명 정도의 대규모 사절단이 청나라를 방문했다.

연행사는 지금으로 치면 외교사절이지만 당시에는 특별히 외교관이 정해져 있지 않았다. 그래서 그때그때 적당한 인물이 연행사로 뽑혔으며, 뽑힌 세 명의 관리들은 개인적으로 친분이 있는 사람이나 친척 등을 데려갈 수 있었다. 공식 사절은 정해진 구역 이외에는 나갈 수가 없었지만, 따라간 사람들은 자유롭게 북경 시내를 다닐 수 있었다. 박지원은 팔촌 형인 박명원이 1780년 연행의 정사가 되어 북경에 갔을 때 따라갔으며, 자유롭게 중국 구경을 하고 나서 『열하일기』를 남겼다. 이덕무, 홍대용 같은 이들도 18세기 말에 이런 방식으로 북경 여행을 했고, 추사 김정희는 19세기 초에 아버지의 수행원으로 북경을 다녀왔다.

이들이 쓴 글에 유리가 등장하는데, 홍대용이 러시아에 대해서 언급하는 대목을 보자. "대비달자(大鼻㺚子)는 곧 아라사니 몽고의 별종이다. 그 사람들은 모두 코가 크며 흉하고 사납기 때문에, 우리나라에서는 '코가 큰 오랑캐'라고 부른다. 이 나라는 사막 밖의 먼 지역에 있다. 그 땅에서는 모피와 유리 거울이 나는데, 우리나라가 북경의 시장에서 사 오는 것이다."

조선에서는 18세기 후반부터 유리 거울을 중국으로부터 수입했는데, 이 거울은 러시아에서 제작한 것이었다. 거울에 대한 기록은 19세기 초에도 이어지는데, 1832년 서장관으로 북경에 간 김경선이 아라사(러시아)를 설명하면서 "북경의 시장에서 사 가지고 오는 유리 거울과 모피 대부분은 그 나라 산물이다."라고 말했다.

속담에 "배꼽에 어루쇠를 붙인 것 같다."는 말이 있는데, 여기서 어루쇠는 거울을 말한다. 이 속담은 배에 거울을 붙이고 남의 속을 훤히 본다는 의미로, 눈치가 빨라서 남의 속을 잘 알아차리는 것을 말한다. 사전에는 어루쇠를 "구리 따위의 쇠붙이를 반들반들하게 갈고 닦아서 만든 거울"이라고 하여 구리 거울이라고 설명하고 있다.

그런데 1828년에 연행사의 수행원이 기록한 글에는 "아라사(俄儸斯)의 중국 발음은 어라시(於羅澌)이고, 우리나라에서는 유리 거울을 어리쇠(於里衰)라고 한다. 이것은 아라사에서 생산되는 아주 두꺼운 유리를 가리키는 말이 여러 번 잘못 전해지면서 이렇게 된 것이다."라고 했다. 현재 표준어로 등재된 '어루쇠'라는 말이 19세기 초반에는 '어리쇠'라고도 발음한 것으로 보이는데, 이와 같은 어원의 추정이 맞는지 틀리는지는 알 수 없으나, 중국에서 들여온 유리 거울이 러시아제였던 것만은 틀림없는 사실이다.

1830년에 작성된 공문서에 수입 금지 목록을 적은 것이 있는데, 여기에는 산호·호박·수정·유리·대모 등의 보석류가 들어 있다. 그러나 수정으로 만든 안경과 유리로 만든 면경(面鏡)은 제외시켰다. 이것으로 19세기 초에 조선에서는 상당한 양의 안경과 거울을 수입했음을 알 수 있다.

일곱 가지 보배 중 하나인 유리

현대인에게 유리를 보배라고 생각하느냐고 묻는다면 대부분 아니라고 대답할 터이지만, 과거에는 값비싼 귀중품이었다. 일곱 가지 보배를 일컫는 '칠보'는 불경에 나오는 말로 금·은·유리·진주·거거·마노·매괴를 말하는데, 진주나 매괴 대신에 산호 같은 보석이 들어가기도 한다. 거거(硨磲)는 거거조개의 껍질이고, 마노(瑪瑙)는 석영 계통의 보석이며, 매괴(玫瑰)는 붉은색 보석이라고 한다. 여기에 유리가 포함되어 있다는 점이 신기한데, 불경에서 말하는 칠보 중의 유리는 청금석을 말하는 것이지, 현재 우리가 쓰고 있는 인공으로 만들어 낸 유리는 아니다. 그런데 자연석이 아닌 인공적으로 만든 '유리'도 오래전부터 귀중한 것이었다.

유리 제품이 얼마나 귀중한 물건이었나 하는 것은, 국보로 지정된 '경주 98호 남분 유리병 및 잔'을 통해서 알 수 있다. 높이 약 25센티미터의 병 하나와 지름과 높이가 각각 10센티미터쯤 되는 잔 세 개로, 1973년부터 2년 동안 진행된 경주 황남

신라시대의 유물인 '봉수형 유리병'은 발견 당시 깨진 손잡이가
금실에 감겨 수리되어 있었다. 그 정도로 유리를 귀히 여겼다는 것을
보여 준다. 국립경주박물관.

대총 발굴 때 나온 물건이다. 병은 봉황의 머리 모양을 하고 있다고 하여 '봉수형 유리병'이라고 하는데, 발견 당시 180여 개의 조각으로 깨져 있는 상태였다. 유리병의 손잡이에는 금으로 된 실이 감겨 있는데, 깨진 손잡이를 고정시키려고 감아 놓은 것이라고 한다. 즉, 무덤에 묻기 전 이미 손잡이가 세 조각으로 깨져 있었고, 이를 금실로 묶어서 수리한 것이라고 전문가들은 추정하고 있다. 금실의 순도는 22K(약 92퍼센트)라고 한다.

황남대총은 약 1,500년 전에 조성된 무덤이다. 그러니까 5~6세기 무렵 신라에서는, 파손된 유리병의 손잡이를 금실로 감아서 수리할 정도로 유리가 귀중한 물건이었다. 가야·마한·백제·신라의 무덤에서는 유리구슬이 많이 출토되는데, 당시 신분이 높은 사람들이 이 귀중한 유리구슬을 소유했다. 이런 유리 제품의 상당수는 현재의 중동 지역이나 동남아시아에서 제작한 것이라고 한다.

유리를 자체 제작하려던 조선의 노력

조선 후기에 국내에서 소비된 유리 제품은 모두 수입품이었으므로, 가격이 비싼 사치품이었다. 19세기 후반에 편찬된 것으로 알려진 『동국여지비고』라는 책에 안경방(眼鏡房)과 석경방(石鏡房, 석경은 유리 거울을 말함)이 서울의 여러 곳에 있다고 한 것으로 보아, 안경과 거울을 판매하는 가게가 꽤 많았음을 알 수 있다. 그런데 이런 가게는 단순히 수입한 물건을 판매하는 곳이지, 유리를 만들어 내는 곳은 아니었다.

고전소설 『춘향전』에도 유리로 만든 제품이 여럿 등장한다. 월매가 이도령이 온다는 말을 듣고 술상을 준비할 때 중국에서 수입한 유리병이 나오고, 춘향이 이도령에게 술을 따라 줄 때는 유리잔에 부어 준다. 월매와 춘향은 기생으로, 그 집에서 쓰는 물건들은 당대 최고급품이었다. 즉, 유리병과 유리잔을 쓴다는 것은 이 두 가지가 고급 사치품이라는 것을 말해 준다. 변사또의 생일 잔치를 화려하게 장식하기 위해 걸어 놓은 등 가운데 유리등이 있는데, 이것 또한 고급 물건이다.

『춘향전』에는 방 안에서 밖을 내다보기 위해 방문에 붙여 놓은 유리도 나온다. 새로 부임한 변사또가 춘향을 잡아 오라고 하여 포졸들이 춘향의 집에 들어가면서 큰소리로 춘향을 찾는 대목에서, 춘향이 "깜짝 놀라 벌떡 일어나 앉아 유리 구멍으로 엿보니" 포졸들이 들이닥친다. 요즈음에는 거의 보기 어렵지만, 예전 한옥에는 밖에서 인기척이 들리면 방 안에서 밖을 내다보기 위해 조그만 유리를 문에 붙여 놓았다. 1960년대까지 한옥에서는 모두 이 유리를 통해 밖을 내다보았지, 문을 열고 밖을 보지는 않았다.

18세기 말에서 19세기 초반에 유리 제품이 수입되기 시작했고, 19세기 중반이 되면 서울을 중심으로 광범위한 유리 제품의 소비가 이루어졌다. 유리 거울, 유리잔, 유리병, 유리 등잔 등이 바로 이를 증명한다. 그리고 서양인들이 들어오면서 창틀에 유리를 끼운 건물들이 속속 세워지기 시작했다. 이에 조선에서도 유리를 자체적으로 생산할 필요성을 느끼게 된다.

　　1883년 8월에 주사 박제순을 용진(龍津) 파리국(玻璃局) 봉판(幇辦)에 임명한다는 기록이 있는데, '파리'는 '유리'를 가리키며 '파리국'은 유리 제조를 위해 세운 회사이다. 박제순은 이 해에 과거에 급제했으므로, 이때는 낮은 직급이었다. 파리국에 관한 기사는 1885년에 또 한 번 나오는데, 양화진에 이 관청이 있었다는 내용이다. 전우용이 쓴 「서울 이야기」에서 파리국을 다룬 내용을 보면, 파리국에 서양인을 고용해서 유리 만드는 일을 하려고 했으나 흐지부지되었다고 한다. 또 1902년에는 이용익이 국립유리제조소를 설립하였으나, 이 또한 큰 성과 없이 폐쇄되었다고 한다. 이처럼 유리를 자체적으로 생산하려던 시도들은 모두 무위에 그쳤다.

　　1908년 어떤 잡지에 실린 유리에 관한 전문적인 글에서는, 동양에서는 좋은 유리를 제조하지 못한다고 하며, "우리나라에서는 지금까지 보통 유리도 제조하지 못하니, 정말로 개탄

할 일이다."라고 하였다. 결국 조선에서는 유리를 독자적으로 생산하지 못했고, 일본에 나라를 빼앗긴 이후에는 일본인이 유리 제조를 독점하게 된다.

신라나 백제가 유리 제조 기술을 자체적으로 가지고 있었다는 연구도 있지만, 설사 그 기술을 가지고 있었다 하더라도 조선시대까지 전승되지는 못했다. 그 이유가 무엇인지는 전문 연구자들의 연구를 통해서 밝혀질 수 있을 것이다.

2022년은 유엔이 정한 '국제 유리의 해'였다. 'International Year of Glass 2022' 공식사이트를 살펴보면 스마트폰의 액정화면을 보호하는 데 강화유리가 쓰이고 있고, 코로나 백신 연구에 쓰이는 용기도 강화유리로 제작되었다고 설명하고 있다. 그리고 고고학자들이 고대 무역 경로를 연구하는 데도 유리는 도움을 주고 있으며, 우주망원경을 통해 우주에 대한 이해를 넓히는 데도 유리가 이용되고 있다는 점을 강조한다.

유리는 매우 신비한 물질로, 딱딱한 성질을 띠고 있지만 고체가 아니라 액체로 분류한다고 한다. 유리가 액체라는 것을 이해하기 위해서는 입자의 배열에 관해 알아야 한다. 아무래도 유리 공부를 좀 해야 할 것 같다.

8

청어

이도령이 먹은 청어는 무슨 맛이었을까?

현재 60, 70대 중에 어릴 때나 젊은 시절에 청어를 먹어 본 기억이 있는 사람은 별로 많지 않을 것이다. 외국에서 먹어 보거나 또는 통조림을 먹은 것이 아니라, 우리 바다에서 잡은 청어를 많은 지역에서 먹을 수 있게 된 것은 근래의 일이다. 필자가 초등학교와 중학교에서 수산물에 대해서 배울 때, 청어는 식용 이외에 기름을 짜거나 비료로도 쓰는 아주 흔한 생선이라고 했다. 그런데 이렇게 흔하다고 알려진 생선을 실제로는 보지 못하다가, 2010년 무렵에 비로소 처음으로 국내산 청어를 맛볼 수 있었다.

　조선시대에도 청어는 이렇게 보였다 안 보였다 하는 바닷물고기였다. 어떤 때는 주체할 수 없이 많이 잡히기도 하지만, 어느 때에는 청어의 그림자도 볼 수 없었다. 근래에 청어가 다시 돌아오자 먹거리로서 청어에 대한 관심이 높아졌고, 자연히 청어에 관한 이야기도 많아졌다. 그리고 과메기가 전국적으로 알려지면서 청어는 상당히 익숙한 생선이 되었다.

『춘향전』 속의 청어

한국 고전문학 연구자인 필자는, 고전문학 작품의 내용을 현대어로 옮기면서 자세한 주석을 붙이는 작업을 많이 해 왔다. 지금까지 해 온 주석 작업 가운데 가장 재미있던 것은 우리나라 고전소설의 백미라고 일컬어지는 『춘향전』이다. 『춘향전』은 이본이 많은데, 현재는 20세기 초에 전라도 전주에서 나온 완판본이 많이 알려져 있으나, 원본은 19세기 초 서울의 도서대여점에서 만들어서 빌려주던 세책이다. 서울에서 나온 『춘향전』의 지리적 배경은 전라도 남원이지만, 인물이나 배경의 세부적인 묘사에는 서울 사람들의 일상생활을 보여 주는 것이 많다. 그러므로 원본 『춘향전』은 조선 후기 서울의 서민 문화를 이해하는 데 큰 도움을 준다. 그런데 작품의 내용 가운데는 지금은 이미 사라져 버려서 그 의미를 알 수 없는 것이 있고, 현재 남아 있기는 해도 실제로는 쓰이지 않는 것도 있다. '청어'도 그런 것 중의 하나이다.

변사또가 어떤 기생을 비난하는 장면 중에, "이마 앞 꾸민다고 뒤통수까지 머리를 생으로 다 뽑고, 머릿기름 바른다고 청어 굽는 데 된장 칠하듯 하고, 입술연지를 벌겋게 왼뺨에다 칠하고, 분칠을 회칠하듯 하고, 눈썹 꾸민다고 양편에 똑 셋씩만 남기고 다 뽑고"라는 대목이 있다. 기생의 치장을 묘사한 이 대목은 모두 지나치게 꾸민 것을 이르고 있다. 머리에 기름을 너무 많이 발랐다는 비유를 할 때, "청어 굽는 데 된장 칠하듯"이라는 표현을 썼는데, 이를 통해 청어를 구울 때는 된장을 매우 많이 발랐다는 사실과 함께 "청어 굽는 데 된장 칠하듯"이라는 속담은 지나치게 화장한 것을 비아냥거릴 때 쓰는 말이었음을 알 수 있다.

또 이도령이 처음으로 춘향의 집에 찾아가서 술상을 받는 장면에는, "약주가 한 병이요, 고추장에 관목 찐 것, 감동젓에 무깍두기, 열무김치 들기름 치고, 광주 분원 사기잔에 춘향이 술 부어 손에 들고, 도련님 약주 잡수"라고 하는 대목이 있다. 이 대목에서 '광주 분원'은 현재 경기도 광주시에 있던 조선시대 관청에 납품하는 그릇을 굽던 곳이므로, 춘향이 집에서 쓰는 술잔이 고급임을 보여 준다. 그리고 당시 서울 사람들이 먹던 깍두기는 감동젓깍두기였고, 열무김치에는 들기름을 쳐서 먹었다는 사실도 알 수 있다. '감동젓'은 곤쟁이젓을 말하는 것으로, 곤쟁이는 새우처럼 생긴 작은 갑각류이다.

그런데 '고추장에 관목 찐 것'은 무엇인가? 관목(貫目)의 뜻을 사전에서 찾아보면, '말린 청어'라고 설명을 붙여 놓았다. 그렇다면 '고추장에 관목 찐 것'은 말린 청어를 쪄서 고추장을 찍어 먹는 것인가? 그게 아니라면 말린 청어를 다시 물에 불려서 고추장을 발라서 찐 것인가? 또는 다른 방식인가? 맛있는 요리라는 것은 분명한데, 여러 음식 관련 자료를 찾아보아도 '고추장에 관목 찐 것'이 어떤 요리인지 정확하게 알기 어려웠다. 이 청어 요리의 실체가 무엇인지 알아보려고 여러 문헌을 살펴보았다. 아래에서 그동안 읽은 문헌에서 본 청어 이야기 몇 가지를 소개하기로 한다.

청어의 우리말 '비웃'

청어는 한자로는 '靑魚'라고 쓰는데, 때때로 '鯖魚'라고 쓰기도 한다. 청어를 순우리말로는 무엇이라고 불렀는지 알 수 있는 자료로는 『훈몽자회』가 있다. 이 책은 최세진이 1527년에 어린이의 한자 학습을 돕기 위해 간행한 책으로, 한자의 음과 뜻을 적어 놓은 것이다. 여기에서 '鯖' 자를 보면 '비운 청'이라고 되어 있는데, 현재의 표기로 한다면 '비웃 청'이다. 그러니까 16세기에 청어를 '비웃'이라고 불렀다는 것을 알 수 있다.

그런데 이 비웃이라는 단어는 서울과 그 근처에서만 썼던

말로 보인다. 몇몇 유명 인사들이 쓴 서울에 관한 수필을 보면 이 비웃과 관련된 내용이 있는데, 대체로 비웃이라는 말은 이들에게 생소한 어휘였다.

경상남도 울산이 고향인 국어학자 최현배의 수필 「'사주오' 두부 장수」를 보면, "하룻밤을 자고 나서 그 이튿날 이른 아침에 들창 밖에서 들려오는 각종 행상들의 외치는 소리는 참으로 어린 시골내기의 귀를 찔러 놀라게 하였다. '생선 비웃들 사려!', '무우 드렁 사려!', '맛있는 새우젓 사오!' 어느 소리가 하나 귀에 익은 게 없다. 모두 신기 그것이다. 갓 온 시골내기는 먼저 온 영남 친구더러 그 외침의 뜻을 물으며 서로 보고 웃었다."라고 하여, 서울에 처음 왔을 때 비웃을 사라고 외치는 장사꾼의 소리를 알아듣지 못했다고 밝혔다.

부산이 고향인 수필가 김소운은 「서울 고현학(考現學)」이라는 수필에서, "서울서 살은 햇수가 그다지 길지는 않으나, 같은 사람의 기억으로도 옛 서울에는 잊혀지지 않는 생활의 풍물시가 있었다. 첫새벽 베갯머리에 들려오는 삐걱삐걱 물지게 소리, '무 드렁!', '생선 비웃 드렁!' 하는 장사꾼의 목소리, 밤거리에서 듣는 군밤장수의 목청을 구을른 군밤타령은 해학과 익살로 엮어진 일편의 풍자시이기도 했다."라고 썼다. 김소운도 비웃을 파는 장수의 외침이 잊히지 않는다는 말을 했다.

고향이 황해도인 시인 노천명도 수필 「시골뜨기」에서, "서울은 정말 별난 곳이라 생각되었다. 별난 것은 이것뿐이 아니었다. 우리게와 달라 무슨 장수들이, '비웃 드렁 사려! 움파 드렁 사려!' '드렁' 하며 외치고 다니는 것도 재미있었다. 이럴 때마다 나는 달음박질 뛰어나가 문밖에 가 서서 구경을 했다."고 하여, 어린 소녀가 처음 서울에 왔을 때 받은 인상을 회상했다.

세 사람이 얘기한 서울의 모습은 대체로 1910년대이다. 이들 모두 "비웃 드렁 사려!"라고 하는 장사꾼의 외치는 소리가 신기했다고 기억하고 있는 것으로 보아, 서울 이외의 지역에서는 청어를 비웃이라고 하지 않았음을 알 수 있다.

과거에는 비웃을 한자로 표기하면서 비유어(肥儒魚), 비의청어(飛衣鯖魚), 비우어(肥愚魚), 비오(脾惡), 유어(儒魚) 등이라고 썼는데, 모두 '비웃'과 비슷한 한자음이다. 이제는 서울에서도 '비웃'이라는 말을 쓰지 않아서 이 단어가 없어지다시피 되었지만, 16세기 이전부터 청어를 가리키는 말은 비웃이었다.

청어에 관한 과거의 기록

조선 후기에 수산물을 다룬 책이 몇 가지 전하고 있는데, 김려의 『우해이어보(牛海異魚譜)』(1803), 정약전의 『자산어보(玆山魚譜)』(1814), 서유구의 『난호어목지(蘭湖漁牧志)』(1820년 무렵)

등이다. 이런 책에는 모두 청어 항목이 수록되어 있다.

김려는 촉망받는 인물이었으나, 천주교 사건에 연루되어 1797년에 귀양을 가게 된다. 첫 번째 귀양살이를 한 곳에서 문제를 일으켜 1801년에 경상도 진해로 귀양지를 옮기게 되었는데, 이곳에서 『우해이어보』를 썼다. 우해는 진해의 다른 이름으로, 김려는 진해에서 본 어류 72종에 대한 여러 가지 내용을 이 책에 담았다. 진해에서 나는 청어를 참청어라고 하면서, 동해나 서해에서 나는 청어와는 다르다고 했다.

정약전은 정약용의 형으로, 1801년 천주교 사건에 연루되어 전라도의 흑산도로 유배를 갔을 때 『자산어보』를 썼다. 그는 흑산도 근해의 어류 155종에 대해서 기술했는데, 청어 항목의 내용을 요약하면 다음과 같다. "청어는 맛이 담박하다. 산란하러 올 때는 바다를 덮을 정도로 많다. 청어는 주기적으로 나타난다. 몇 가지 종류가 있다." 그리고 '관목청어'를 따로 기술해서, 청어 말린 것을 '관목'이라고 하는 것에 대해서도 자신의 견해를 밝혔다.

서유구는 판서와 대제학 등을 역임한 인물로, 『임원경제지』라는 방대한 저술로도 유명하다. 『난호어목지』에서는 55종에 이르는 어류의 명칭을 설명했고, 이 내용은 『임원경제지』의 「전어지(佃漁志)」에 대부분 인용되어 있다. 『난호어목지』에서는 각 어류의 이름에 한글로 음을 붙여 놓았기 때문에 어류의 이름을 쉽게 알 수 있어서 매우 편리한데, 청어(靑魚)에는 '비웃'이라고 붙였다. 서유구는 중국의 청어가 민물고기인 데 비해 우리나라의 청어는 바닷고기라고 했고, 일본에서 말하는 청어는 우리나라 것과 같은 종류라고도 말했다. 그리고 일본에서는 청어를 반으로 갈라서 말리는 데 비해, 조선에서는 통째로 말리는 것이 다르다고 했다.

이와 같은 수산물 전문 저술이 아니더라도, 청어를 언급한 서적은 많다. 허균은 『도문대작』에서 우리나라 청어를 네 가지로 분류했는데, 동해 북부, 경상도, 전라도, 황해도 해주 등지가 각기 그 산지라고 했다. 이렇게 청어의 산지를 함경도, 경상도, 전라도, 황해도로 분류하는 방식은 이익의 『성호사설』에도 그대로 나타난다. 이익은 청어가 많이 잡히는 곳으로 경상도의 울산과 장기 사이와 함께 황해도 해주를 꼽았다.

조선시대의 어업은 주로 바다에 설치해 놓은 어살 등을 이용했는데, 어살은 서해안처럼 간만의 차이가 심한 지역에 싸리나무나 대나무로 울타리를 만들어 물고기를 잡는 장치이다. '살'은 화살처럼 가늘고 곧은 나무라는 의미로 한자로는 전(箭)이라고 쓴다. 청어는 주로 청어살(靑魚箭)을 이용해서 잡았다. 바닷가에 이 청어살을 설치한 곳이 많았는데, 여기에는 무거

1925년 조선총독부에서 발행한 『조선』에 실린 사진으로, 청어를 잡는 고깃배의 모습이다. 서울역사박물관.

운 세금이 부과되었다. 어살이 못쓰게 되거나 고기가 잘 잡히지 않더라도 세금을 피할 수 없었으므로, 조선 후기에 이 문제는 세금의 폐단 가운데 하나였다.

말린 청어

소설가 김동리는, "내 고향은 경주이다. 경주에는 관메기라는 것이 있었다. 청어 온 마리를 배도 따지 않고 소금도 치지 않고 그냥 얼말린 것을 가리키는 이름이다. (중략) 그동안 인생 반백년에 한식은 말할 것도 없지만, 양식, 왜식, 중식, 갖가지 요리도 다 먹어 왔어도 관메기 회나 관메기 죽 이상으로 맛있는 것을 나는 아직도 알지 못하고 있다.”라고 말한 적이 있다. 이 수필을 쓴 시기는 1967년이다.

김동리는 청어 얼말린 것을 ‘관메기’라고 했는데, 요즈음 ‘과메기’를 말하는 것이다. ‘얼마르다’는 얼어 가면서 차차 조금씩 마르는 것을 말하는데, 대관령이나 진부령의 황태덕장에서 명태 말리는 것을 연상하면 된다. 다만 황태를 만들기 위해서는 명태의 배를 가르고 내장을 꺼낸 다음 말리지만, 과메기는 청어를 통째로 말리는 것이 다르다. 현재 시중에서 판매하는 과메기는 머리를 자르고, 배를 갈라 내장을 제거한 다음에 건조시킨 것이다.

생선은 빨리 상하므로 예로부터 여러 가지 보관 방법이 개발되었다. 청어도 예외가 아니어서 소금에 절이거나 말려서 장기 보존이 가능하도록 했다. 근래에 과메기는 술안주로 각광을 받고 있는데, 과메기가 이렇게 전국적으로 알려진 시기는 극히 최근이다. 필자는 1990년 무렵 경주에서 이 과메기를 처음 먹어 보았고, 이때의 과메기는 꽁치를 말린 것이었다. 그때까지 과메기라는 말을 들어 본 적이 없었으므로, 당연히 먹어 본 일도 없었다. 그리고 당시에는 꽁치로 만든 과메기였으므로, 청어 과메기는 더더군다나 알 수 없었다.

20세기 이전의 문헌에 '과메기'라는 말이 나오는 것은 아직까지 확인하지 못했고, 말린 청어는 '관목'이나 '건청어(乾靑魚)'라고 했다. 19세기 조선 최대의 백과사전이라고 할 수 있는 이규경의 『오주연문장전산고』에는, 부엌의 살창에 청어를 매달아서 연기를 쐬어 상하지 않게 한 것을 연관목(煙貫目, 훈제 관목)이라 한다고 했다. 그리고 관목은 건청어(乾靑魚, 말린 청어)를 말하는 것이라고도 했다. 정조 때 경상도 영일현(현재 포항시 영일군)에서 조정에 바친 물품 중에 여러 가지 마른 생선이 있는데, 여기에는 건대구나 건문어와 함께 관목청어가 들어 있었다. 현재도 과메기는 포항이 주요 생산지이니, 마른 청어는 조선시대부터 현재 영일만 지역이 유명했다는 사실을 알 수 있다.

청어에 관한 과거의 기록에 '고추장에 관목 찐 것'이 나오는지 찾아보았지만 끝내 볼 수 없었다. 20세기 후반 수십 년 동안 우리나라 바다에 청어가 돌아오지 않았으므로, 이런 음식의 맥이 끊어진 것인지도 모르겠다.

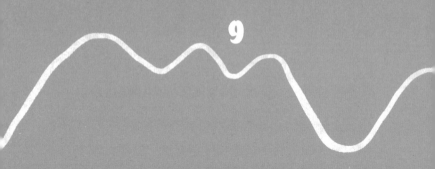

9

주막

술집인가, 여관인가?

요즈음은 주막이라는 말은 거의 사용하지 않지만, 가끔씩 마주칠 때가 있는데 바로 술집의 간판이다. 무슨무슨 주막이라는 상호는 꽤 많이 볼 수 있어서, 여기에서는 주막이 아직 살아 있는 단어이다. 이처럼 '주막'이라는 말이 현재는 술집의 다른 이름처럼 되었지만, 조선 후기에는 술집보다는 여관이라는 의미가 더 컸다. 순전히 술을 파는 술집도 주막이라고 했고, 또 여행객에게 음식을 팔고 재워 주는 집도 주막이라고 했다.

조선 중기까지의 여행객은 주로 관청의 일을 보기 위해 다니던 사람들이었는데, 이들은 관청에서 준비한 숙소에서 묵었기 때문에 그때까지 조선에는 일반인이 묵는 여관은 많지 않았던 것 같다. 그러다가 상업의 발달로 일반 여행객이 늘어나면서 이들을 위한 숙소가 점차 생겨나게 된다. 주막은 바로 이런 일반 여행객에게 편의를 제공하고 돈을 버는 영업장인데, 조선 말기에는 그 숫자가 매우 많아졌다. 이번 글에서는 조선 후기 주막의 실상이 어떠했나를 보기로 한다.

유행가 「번지 없는 주막」

백년설이 1940년에 취입한 「번지 없는 주막」이라는 노래는 남북한에서 함께 부르는 대중가요이다. 작사자 박영호의 고향은 함경남도 원산인데, 그가 광복 후에 고향으로 돌아가는 바람에 이 노래는 월북 작가의 노래로 금지곡이 될 뻔했다고 한다. 후에 반야월(본명 박창오)이 원 가사의 내용을 약간 바꾸어서 새로 등록하여 금지를 면했고, 백년설도 새로 만든 가사로 계속 노래를 불렀다. 이 노래가 발표된 1940년 무렵에 '주막'이라는 단어가 어떤 의미였는지 처음 발표될 때의 노래 가사를 통해 알아보기로 한다.

문패도 번지수도 없는 주막에, 궂은비 나리든 그 밤이 애절쿠려. 능수버들 태질하는 창살에 기대어, 어느 날짜 오시겠소 울던 사람아.

아주까리 호롱 밑에 마주 앉아서, 따르는 이별주는 불같은 정이었소. 귀밑머리 쓰다듬어 맹세는 길어도, 못 믿겠소 못 믿겠소 울던 사람아.

깨무는 입술에는 피가 터졌소, 풍지를 악물며 밤비도 우는구려. 흘러가는 타관길이 여기만 아닌데, 번지 없는 그 술집을 왜 못 잊느냐.

이 노래의 가사는 유행가에 자주 등장하는 술집 여자와 나 그네가 헤어지는 내용으로, 정을 맺은 여인을 두고 떠나야만 했던 남자가 과거를 회상하는 이야기이다. 입술을 깨물며 이별의 설움을 참는 가련한 여인과 어쩔 수 없이 헤어진 후 여인을 그리워하는 남자의 이야기는 오랜 전통이 있다. 그러면 이 노래에서 주막을 어떤 곳으로 묘사했는가를 알아보기로 한다.

'문패도 번지수도 없는 주막'이라는 표현은 아주 허술한 주막을 가리키는데, 이런 허술한 주막에도 손님의 술시중을 드는 여자가 있다. 여인이 손님에게 이별주를 따라 주는 곳이 방인지 술청인지 분명하지 않지만, 문풍지가 있다는 것으로 보아 방인 것 같다. 그렇다면 1940년 무렵 이 노래의 작사자가 묘사한 주막은 방이 따로 있고, 접대부도 있는 술집인 셈이다.

'번지 없는 주막'은 그 말만으로는 초라한 술집을 연상시키는데, 실상은 그렇게 허술한 술집은 아닌 것 같다. 그렇다면 왜 이 노래의 작사자는 술집이라는 단어를 쓰지 않고 주막이라는 말을 썼을까? 아마도 주막이 술집보다 더 운치가 있다고 생각한 것 같다.

이덕무가 남긴 주막에 관한 기록

주막의 용례나 그 명칭의 유래를 알아보기 위해서 조선시대의 여러 자료를 뒤져 보았지만 주막을 구체적으로 묘사한 것은 구하기 어려웠다. 주막만 그런 것이 아니라, 조선시대 서민과 관련된 자료를 찾기란 쉽지 않다. 조선시대 서민들이 자신들의 일상을 기록해 놓은 자료는 거의 없으므로, 서민에 관한 자료도 결국은 한문을 능숙하게 구사하는 지식인들의 기록을 통해서 찾아볼 수밖에 없다. 그런데 양반 지식인은 서민들의 삶에 별로 관심이 없었으니, 조선시대 서민의 일상에 관한 구체적인 모습을 알아보려고 하면 자료가 없는 경우가 대부분이다.

주막에 관한 자료를 찾다가, 정조가 아끼던 학자 이덕무가 쓴 여행 일기를 보게 되었다. 이덕무는 『청장관전서』라는 방대한 저서를 남겼는데, 여기에는 그가 28세 때 서울에서 황해도 장연의 조니포까지 갔다가 오며 쓴 일기가 들어 있다. 그는 1768년 음력 10월 4일 서울을 출발해서 벽제, 개성, 연안, 해주, 애정 등지에서 묵으면서 5박 6일 만에 조니포에 도착했다. 그리고 돌아올 때는 17일에 출발해서 청석리, 광탄, 금광천, 청단, 연안, 개성, 파주 등지에서 묵으면서 7박 8일 만에 서울에 도착했다. 올 때는 사촌누이와 함께 오느라 날짜가 더 걸렸다.

이 당시 이덕무는 벼슬을 하지 않을 때이고, 또 사적인 일로 다녀오는 것이었으므로 여정 중 대부분을 주막에서 묵었다. 이 여행 일기를 보면 첫날 그가 묵은 곳은 벽제점(碧蹄店)인데, 옛날에 이곳에 벽사(甓寺)가 있었고 그것이 와전되어 벽제가 되었다고 했다. 벽제의 지명에 관한 전설은 김천에서 온 배를 파는 장사꾼에게서 들은 이야기라고 했다.

이덕무는 이 과일 장수와 함께 주막에서 자고, 이튿날도 그와 같이 가면서 여러 가지 얘기를 듣는다. 과일 장수는 입담이 좋아서 지나는 길에 있는 여러 가지를 쉬지 않고 설명했고, 이덕무는 그의 얘기를 즐거운 마음으로 들었다. 과일 장수라면 양반은 아닌데, 이덕무는 이런 사람과 한 방에서 잔 것이다. 벽제 이후에는 마지막으로 묵은 애정(艾井)만 제외하고는 모두 주막에서 묵었고, 애정에서는 주막이 없어서 동네의 유지 집에서 묵었다. 돌아오는 길에는 모두 주막에서 묵었다.

이덕무의 여행 일기는 물론 한문으로 쓴 것인데, 각 지역에서 묵은 곳의 명칭은 '점'이라고 썼다. 예를 들면, 벽제점, 한천

점, 광탄점, 청단역점, 해주서문점 등이다. 또 주막의 남자 주인은 점인이라고 했고, 여자 주인은 점녀라고 했다. 이덕무는 '점'에 대해서 다음과 같이 간단한 설명을 덧붙였다.

"점은 주막인데, 술과 숯의 발음이 비슷하여 그대로 탄막(炭幕)이 되어 버렸고 심지어 관청의 문서까지도 탄막이라고 쓴다."

이덕무의 설명을 이해하려면 약간의 보충이 필요하다. 18세기 후반에 주막이라는 단어를 한자로 쓸 때에는 주로 점(店)이라고 썼으므로, 한문으로 된 기록에서 '점(店)'은 주막을 가리키는 말이다. 그렇다면 주막은 어디서 온 말인가? 이덕무는 여기에 대해서 말하지 않았지만, 주막은 술막에서 온 것이다. 막(幕)은 허술하게 임시로 지은 집을 가리키므로, '술+막'은 허름한 술집을 말하는 것이다. 술막의 '술'은 순우리말이므로, 한자로 술막을 표현하려면 주막(酒幕)이 될 수밖에 없다.

그런데 18세기에는 '탄막(炭幕)'이라는 단어가 주막과 같은 의미로 쓰이기도 했다. 이덕무는 주막과 탄막이 같은 의미가 된 것은, '술'의 발음이 '숯'과 비슷해서 술막이 숯막과 혼동되었고, 숯의 한자인 '탄(炭)'과 '막(幕)'이 합쳐져서 탄막이 되었다고 보았다. 실제로 조선 후기에 관청에서 작성한 문서를 보면, 주막과 함께 탄막도 쉽게 볼 수 있다.

주막은 말썽을 일으키는 곳

중국에 가는 사신의 수행원으로 1855년 북경에 갔던 서경순은 중국의 술집에는 조선처럼 술 시중을 드는 여자가 없다는 말을 듣고는, 중국의 술집은 멋이 없다고 말했다. 그러면서 서울의 술집에서 멋지게 차려입은 한량들이 여인들과 함께 술을 마시고 노래 부르며 놀다가, 때로는 싸움판이 벌어지는 것도 하나의 통쾌한 일이라고 했다. 예나 지금이나 술집은 말썽이 자주 일어나는 곳이다.

그런데 주막은 술 취한 사람들끼리 다투는 정도가 아니라 도둑의 소굴이기도 했다. 다산 정약용은『목민심서』에서 도적의 폐단을 막기 위한 방법을 써 놓았는데, 그는 도둑의 소굴로 주막을 지목했다.

정약용은, 도둑들이 훔쳐 오는 물건을 팔아 주거나 그들의 뒤를 봐주는 사람들은 주로 고을에 가까운 주막에 머문다고 했다. 서울이나 큰 고을 근처의 주막에는 많은 사람들이 수시로 드나들기 때문에, 비록 낯선 사람이라도 별로 관심의 대상이 되지 않는다. 그러므로 도둑들은 훔쳐 온 물건을 주막에 가져와 장물아비에게 전달하고, 또 정보도 서로 교환한다. 도둑을 막으려면 주막을 엄격하게 단속해서 이들이 숨어 있을 수 없도록 하는 것이 중요하다고 정약용은 말했다.

다산의 이와 같은 주장을 뒷받침하는 자료는 꽤 여러 가지가 있다. 일찍이 선조 7년(1574)에 유희춘이 임금에게 강의를 하는 도중에, "근래에 도둑이 점점 불어나 경기도의 탄막은 나그네가 숙박하는 곳인데 도둑들이 엄습하여 그 집을 불태웠다고 하고, 서울 안에도 저녁이나 밤사이에 노략질하는 수가 많다고 합니다."라고 아뢴 것이 있다.

그리고 인조 16년(1638)에는 경기도 파주의 탄막에서 정부의 물건을 훔치면서 사람까지 해친 일이 있었다. 병조에서는 이 문제에 대해, 파주는 서울과 가까운 곳이고 탄막이 관청의 바로 앞에 있는데도 이런 일이 자주 일어났으니 철저히 조사할 것을 요청한다. 병조의 보고에서 눈여겨볼 것은, "도둑놈들이 도적질을 자행하여 재물을 가지고 가는 사람을 전부터 자주 살해하였으니 참으로 기가 막힙니다. 그리고 손님만 피살되고 주인은 상처를 입지 않는 것도 이상합니다."라는 말이다. 즉, 병조에서도 탄막의 주인이 이러한 범죄와 연관이 있다고 본 것이다.

영조 4년(1728) 경기 감사 이정제가 임금에게 보고한 내용 가운데 "도둑들이 밤에는 주막에서 자고 낮에는 시장에 모여들므로, 착실하게 잘 살펴보겠습니다."라는 말이 있다. 이런 여러 가지 정황을 보면, 정약용이 말한 것처럼 주막은 도둑들이 서로 연락하고 묵는 장소였던 것이 확실하다.

외국인이 본 주막

앞에서 본 몇 가지 내용만으로는 조선시대 주막의 구체적인 모습을 그려 보기가 어렵다. 대부분 단지 주막에 묵었다는 사실을 언급한 것에 지나지 않기 때문이다. 주막의 모습을 비교적 자세히 묘사한 글이나 그림은 19세기 말부터 조선을 찾아온 외국인의 여행기에서 나타나기 시작한다. 조선이 문호를 개방한 뒤에 온 외국인이 쓴 조선 여행기는 상당히 많다. 이들은 조선을 여행하면서 어디선가는 숙박을 해야 했으므로, 여행기에는 대체로 주막에 대한 언급이 들어 있다.

외국인들이 주막을 묘사할 때는 자기 나라의 음식점이나 여관과 다른 점이나 뒤처진 점을 주로 기술하므로, 부정적이거나 우스꽝스럽게 써 놓은 것이 많다. 그러나 이런 자료를 토대로 1900년 무렵 조선의 주막 모습을 자세히 그려 낼 수 있으니, 참으로 귀중한 것이다. 여행기 이외에 외국어 사전을 통해서도 주막의 실체를 파악할 수 있다. 먼저 사전을 보기로 한다.

1890년에 호러스 그랜트 언더우드가 편찬한 『한영자전』에서는 주막을 한자로는 '酒幕'이라고 쓰고 영어로는 'hotel' 또는 'inn'이라고 했다. 그리고 1897년에 제임스 게일이 편찬한 『한

EATING HOUSE.　　　　店　食　飲　　　（俗風鮮朝）

주막을 촬영해 만든 사진 엽서이다. 하단에 음식점을 뜻하는 EATING HOUSE,
飲食店 등이 인쇄되어 있다. 서울역사박물관.

영자전』에서는 주막을 한자로는 '酒店'이라고 하고, 영어로는 'inn' 또는 'wineshop'이라고 했다. 언더우드는 주막을 주로 여관의 개념으로 썼고, 게일은 여관이나 술집이라고 이해했다. 그런데 언더우드의 『영한자전』에서 hotel이나 inn의 항목을 보면, 한국어로 '주막, 탄막, 술막' 등을 함께 나열해 놓았다. 탄막이나 술막도 주막과 같은 의미로 본 것이다.

조선 말기 외국인의 여행기 가운데 가장 많이 알려진 것은 아마도 이사벨라 버드 비숍의 『한국과 그 이웃들(*Korea and Her Neighbours*)』일 것이다. 비숍의 책에는 조선의 여관을 묘사한 대목이 여러 군데 나오는데, 특히 제10장의 '한국의 조랑말-한국의 길과 여관'에서 상세하게 그려 놓았다. 서울에서 원산으로 가는 도중에 비숍이 묵은 '사방거리'는, 현재 강원도 화천군 상서면 산양리에 있는 지명이다. 비숍이 여관(inn)이라고 한 것이 바로 주막이니, 비숍의 묘사를 통해 주막의 구체적인 모습을 볼 수 있다.

큰 고을의 안에 있는 주막은 규모가 좀 크고, 마을 밖에 있는 것은 길가의 오두막이나 다름없는 허름한 집이다. 주막의 방에는 여러 명이 함께 잠을 자는데, 대체로 방은 지저분하고 벌레가 많다. 따로 자고 싶은 손님은 안방을 빌려서 자기도 한다. 방값은 따로 받지 않고 식사 요금만 지불한다. 아궁이에서는 손님에게 제공하는 음식만이 아니라 말이나 노새의 여물도 쑤기 때문에, 방은 언제나 너무 뜨겁다.

비숍을 도와주려고 함께 갔던 밀러가 어느 날 얘기한 것을 보면 "나는 마당에서 자고 싶었으나, 주인이 호랑이가 무서우니 안 된다고 했다. 그래서 가로 3미터, 세로 2.4미터의 뜨거운 방에서 일곱 명의 손님과 함께 잤는데, 여기에는 고양이와 날짐승도 함께 있었다."고 자기의 경험을 묘사했다. 온돌방이 너무 뜨거운 것이 당시 외국인에게는 매우 인상적이었는지, 대부분의 외국인 여행기에는 이 내용이 들어 있다.

비숍은 이 주막에서 주인 아내의 호의로 안방을 빌려서 묵었다. 그녀도 이날의 일을 적어 놓았는데, 호랑이 때문에 문을 열어 놓을 수는 없고, 방바닥은 너무 뜨거워서 질식할 것 같았다고 말했다. 그리고 이런 작은 주막에는 마구간도 같은 지붕 밑에 있어서, 밤새도록 말이 서로 싸우고 마부들이 나와서 떠드는 소리 때문에 잠을 이루지 못했다고도 써 놓았다.

조선의 주막에 대한 비숍의 이와 같은 묘사는, 대체로 다른 외국인이 쓴 여행기의 내용과 일치한다. 외국인에게 인상적이었던 것은, 여러 명이 함께 한 방을 쓰는 것과 방이나 주변 환경이 지저분하다는 점이었다. 그리고 방값을 따로 받지 않고 음식값만 받는데, 그 요금이 매우 싸다는 점도 조선 주막의 하나의 특징으로 거론했다.

조선 후기의 주막은 술집보다는 숙박 시설에 가까웠다고 볼 수 있다. 그러나 음식값만 받고 숙박료는 받지 않았다는 점에서는 숙박 시설이라기보다는 음식점이라고 보아야 할 것 같기도 하다. 이 점이 조선시대 주막의 독특한 점이라고 할 수 있다. 술과 음식을 파는 곳도 주막이라고 하고, 여행객이 말이나 노새와 함께 묵는 곳도 주막이라고 했다는 것 또한 흥미로운 점이다. 주막과 관련된 그림이 여러 장 남아 있으니, 이런 그림과 함께 주막 관련 글을 잘 살펴보면 주막의 정확한 모습을 찾아낼 수 있을 것이다.

주막은 푸근하면서도 애틋한 감정을 불러일으키는 과거의 이미지 중 하나인데, 이와 같은 주막의 이미지는 실제와는 다른 허상일 뿐이다. 유행가는 허상을 적절하게 이용해서 대중의 심금을 울리는 것을 하나의 특징으로 삼는데, 「번지 없는 주막」은 이런 유행가의 속성을 유감없이 잘 보여 준다.

10

호랑이

호랑이는 어떻게 이미지를 반전시켰을까?

미국의 프로야구팀 디트로이트 타이거즈에 놈 캐시라는 선수가 있었다. 필자가 이 선수의 이름을 기억하고 있는 것은, 1962년 디트로이트 타이거즈 야구팀이 한국을 방문해서 한국 대표팀과 경기를 벌였을 때 그의 모습을 가까이서 봤기 때문이다. 그날 경기의 구체적인 내용은 기억나지 않지만, 놈 캐시가 그라운드에서 관중석으로 볼을 던져 주던 장면은 매우 인상적이었다. 당시 동대문야구장에서는 관중석에 날아온 파울볼을 받으면 달려온 볼보이에게 도로 돌려주어야 했다. 그렇게 비싸고 귀한 야구공을, 질겅질겅 껌을 씹으면서 아무렇지도 않게 관중들에게 던져 주던 모습이 필자의 뇌리에 오랫동안 남아 있다. 그리고 야구팀 이름에 호랑이가 들어 있는 것도 신기했다. 한국에서는 1982년 창단한 해태가 호랑이를 내세웠고, 현재는 기아 타이거즈가 있다. 일본의 한신 타이거즈, 중국의 베이징 타이거즈 등 전 세계 야구 구단이 호랑이(타이거)를 좋아한다.

호랑이를 마스코트로 쓰는 일은 야구에 국한되지 않고, 대한축구협회도 호랑이를 엠블럼으로 쓰고 있다. 회사나 학교 등에서도 호랑이를 심벌로 삼는 곳은 매우 많다. 1986년 서울 아시안게임의 마스코트로 등장한 '호돌이'는 1988년 서울올림픽의 마스코트로도 쓰였고, 2018년 평창동계올림픽의 마스코트인 '수호랑'은 호돌이의 연장선상에서 백호를 모티브로 삼은 것이라고 한다. 이처럼 호랑이는 팀이나 학교를 넘어서 대한민국의 상징으로도 쓰인다.

한국의 표상, 호랑이

호랑이를 상징으로 삼는 이유를 보면, "한국의 민속 신앙에서 마을의 평안과 안녕을 기원하며 인간을 보살펴 주는 신으로 자주 등장하는 신성함을 강조하기 위함"(평창동계올림픽 조직위원회)이라거나, "우리나라의 상징이자 본교의 상징인 호랑이는 고려대학교의 용기, 결단, 민활, 위엄 등을 표현"(고려대학교 홈페이지)한다고 하기도 하고, "용맹과 지혜를 겸비한 백수의 우두머리로서, 예로부터 우리 민족에게는 경외의 대상이면서도 정서적으로 친숙한 동물"(대한축구협회 홈페이지)이라는 등 여러 가지이다.

이렇게 현대에 와서 호랑이는 체육 관련 단체나 학교, 나아가 대한민국의 상징으로 쓰이고 있지만, 조선시대 사람들에게 호랑이는 현재와는 전혀 다른 의미였다. 한편으로는 두려움의 대상이면서, 다른 한편으로 값비싼 사치품이었다. "사람은 죽어서 이름을 남기고, 호랑이는 죽어서 가죽을 남긴다."는 속담에서 알 수 있듯이 호랑이 가죽은 사치품 중에서도 고가였다. 그런가 하면 조선에서 한 해에도 수백 명 넘는 사람들이 호랑이에게 물려 죽었으니, 공포의 대상이었다.

호랑이가 한국의 상징이 되기 시작한 것은 아이러니하게도 호랑이가 한국에서 거의 사라진 시기와 맞물려 있다. 한국 땅에서 멸종되어 더는 사람을 잡아먹는 일이 없어지면서 비로소 호랑이는 한국의 상징이 된다. 목수현, 박은정 등의 연구에 따르면 호랑이를 조선의 표상으로 쓰기 시작한 사람은 최남선이라고 한다.

최남선은 그가 발행하는 잡지 「소년」 제1호(1908)에 호랑이 그림을 넣고, "이 그림은 내가 생각해 낸 것인데, 맹호가 발을 들고 내두르면서 동아시아 대륙을 향하여 날듯이 뛰듯이 생기 있게 할퀴며 달려드는 형상으로 대한반도를 그린 것이다."

일본 지리학자가 한반도의 모습을 토끼 같다고 하자, 최남선은 한반도를 위와 같이 호랑이 형상으로 그려서 잡지 「소년」에 실었다. 그의 글과 그림은 많은 지지를 얻었고, 호랑이가 한국의 표상으로 자리를 잡는 데에 계기가 되었다.

라고 해설을 붙였다. 최남선은 일본 지리학자가 한반도 모양을 "중국 대륙을 향하여 뛰어가는 토끼 같다."고 한 것을 예로 들면서, 토끼도 한반도 모양과 비슷하지만 자신은 호랑이 형상으로 그렸다고 말했다.

최남선은 이 그림 이후에도 호랑이와 관련한 글을 여러 편 썼다. 그리고 1926년 1월 1일부터 「동아일보」에 7회에 걸쳐 글을 연재했는데, 여기에서 호랑이를 '조선의 표상'으로 그려 냈다. 최남선의 글은 많은 사람들의 지지를 얻었고, 호랑이는 한국의 표상이 된다.

현재 호랑이는 한국의 자연 생태계에서는 볼 수 없는 동물이다. 그러나 십이지에 따른 범띠 해가 오면, 사람들은 과연 호랑이는 남한에서 멸종된 것인가 하고 묻는다. 앞에서 본 바와 같이 호랑이는 한국을 대표하는 동물로 사람들의 사랑을 받고 있으므로, 한국의 어딘가에 호랑이가 살아 있으면 좋겠다는 바람을 갖고 있는 사람들이 많이 있다. '한국범보존기금' 같은 조직을 만들어서 활동하는 것이 좋은 예이다.

호랑이에 대한 과거와 현재의 이미지

우리는 때로 과거가 현재와 크게 다를 것이 없다고 생각하는 경향이 있다. 그러나 최근의 10년, 20년을 돌이켜보면 스마트폰 사용 전과 후는 확실히 다른 세상이라고 말할 수 있을 것 같다. 그러므로 과거의 어떤 사물을 얘기할 때, 현재 우리가 쓰고 있는 것과 같은 개념으로 얘기해서는 안 될 것이다.

1953년에 영국의 작가 L. P. 하틀리가 쓴 소설 *The Go-Between*의 첫머리는 다음과 같다. "과거는 다른 나라이다. 거기서 사람들은 다르게 행동한다.(The past is a foreign country; they do things differently there.)" 이 소설은 계층이 다른 연인 사이에서 메시지를 전달해 주는 역할을 맡았던 한 소년이 수십 년 후에 과거를 회상하는 내용의 작품이다. 이 구절은 인간의 기억과 과거를 이해하는 방식을 이야기할 때 자주 쓰이는 상징적인 어구가 되었다. 호랑이에 대해서도 마찬가지이다. 현재의 한국 사람들이 갖고 있는 호랑이에 관한 생각과, 150~200년 전 조선 사람들의 생각은 다를 것이다.

다큐멘터리 프로그램을 통해서 호랑이에 대해서 자세히 알 수 있고, 동물원에 가면 직접 호랑이를 볼 수도 있으며, 호랑이 관련 캐릭터 상품을 손쉽게 구할 수 있는 지금 세상에서 사람들이 생각하는 호랑이의 이미지와, 조선시대 사람들이 생각했던 호랑이는 어떤 차이가 있을까? 현재 우리가 생각하는 호랑이에 대한 전형적인 이미지는, 한국 호랑이 그림을 해설한 다음과 같은 글에서 잘 나타난다.

"한국 미술 속 호랑이는 사납기보다는 근엄한 모습이나 해학적인 미소를 보이는 경우가 많습니다. 그 모습에는 덕(德)과 인(仁)을 중시하는 유교적 가치관과 낙천적이며 해학적인 한국인의 정서가 투영되어 있습니다. 오랫동안 한국인에게 호랑이는 신통력을 지닌 기백 있는 영물(靈物)이고 해학적이면서도 인간미 넘치는 친구였습니다."(국립중앙박물관, 「한민족의 신화, 한국의 호랑이」)

이것이 현재 한국 사람이 '호랑이'라는 동물에 대해서 갖고 있는 평균적인 인상일 것이다. 여기에는 현실적인 위험이라고는 조금도 보이지 않는다. 하지만 조선시대 사람들이 이와 똑같은 이미지를 갖고 있었을 리는 없다. 조선시대 호랑이의 실상은 무엇이었는지 살펴보기로 한다.

조선시대 호랑이 피해의 실상

조선시대 민화에 나오는 호랑이의 해학적인 모습이라든가, 현재 구전동화라고 알려진 이야기들 속의 호랑이는 조선시대 호랑이의 실상을 보여 주지 못한다. 심지어 조선시대 사람들은 대부분 '단군신화'를 전혀 알지도 못했는데, 그것을 통해 호랑이가 사람들과 매우 친근한 동물인 것처럼 생각하는 것도 실제와는 한참 동떨어진 이야기이다. 호랑이는 인간에게 피해를 주는 두려운 존재였을 뿐이다.

호랑이의 피해가 얼마나 심했는지를 알려주는 구체적인 자료는 많지 않은데, 흔히 이용되는 자료는 『조선왕조실록』이다. 예를 들면, 1735년에 영동 지방에서 호랑이에게 물려 죽은 사람이 40명이었다든가, 1745년 경기 지방에서는 한 달 사이에 120명이 피해를 당했다는 것 같은 기사이다. 그런데 이런 자료는 특별히 큰 피해를 입은 사례를 보여 주는 것으로서, 사망자 수만 알 수 있다.

이처럼 조선시대에 호랑이에게 물려 죽은 사람의 숫자가 대단히 많았다는 사실은 알려져 있어도 구체적으로 누가 어떻게 호랑이의 피해를 입었는지 알기 어려웠다. 당시 자료 대부분이 지배층에 관한 것이기 때문이다. 바꿔 말하면, 호랑이에게 물려 죽은 사람들이 지배층이 아니라 일반 백성이었다는 의미이다. 만약 양반 사대부 중에 호랑이에게 피해를 입은 사람이 많았다면 틀림없이 자세한 기록이 남았을 것이다. 그런데 이 글을 쓰기 위해 여러 가지 자료를 조사하다가, 호랑이에게 물려 죽은 사람에 대한 상당히 자세한 내용이 적혀 있는 문서를 확인하였다. 『각사등록』이라는 자료이다.

『각사등록(各司謄錄)』은 각 지방의 관아와 중앙 관청 사이에 주고받은 문서를 모아 놓은 것으로, 국사편찬위원회에서 이런 자료들을 모아서 붙인 이름이다. 『각사등록』은 『조선왕조실록』처럼 처음부터 끝까지 남아 있지 않고 일부 자료만 전해진다. 이런 면에서 한계는 있지만, 조선시대의 실상을 파악할 수 있는 구체적인 정보를 제공해 주는 귀중한 자료이다. 예를 들어, 1818년 5월부터 1826년 4월 사이에 충청도 병마절도사가 상부에 보고한 문서인 『충청병영계록(忠淸兵營啓錄)』에는 호랑이 피해에 관한 꽤 자세한 내용이 들어 있다. 1818년 7월 20일 보고서의 한 대목을 보면 다음과 같다.

"이번에 도착한 홍양 현감 조태영의 보고서에는, 홍양현 오사면에 사는 과부 박씨의 아들 15세 김장옥이 지난 6월 16일 밤에 호랑이에게 잡아먹혔다고 했고, 정산 현감 이식의 보고서에서는, 정산현 적곡면에 사는 18세의 유학(幼學) 민매득이 지난 6월 17일 밤에 호랑이에게 잡아먹혔다고 했습니다."

이 보고서에는 이 2명 이외에도 서산군의 6세 여자아이, 충원현에서 28세의 남자와 35세 여자가 호랑이의 피해를 입었다고 기록되어 있다. 7월에 충청도에서 보고한 호랑이에 의한 사망자는 총 5명이다. 충청도 병마절도사가 상부에 올린 이 보고서를 자세히 검토해 보면, 매달 20일에 호랑이 피해를 따로 보고했음을 알 수 있다. 1818년 5월부터 1819년 2월까지 10개월 동안 보고한 내용을 보면, 충청도 전역에서 호랑이에게 물려 죽은 사람은 총 31명이다.

충청도의 호랑이 피해 보고서는 만 7년에 걸친 꽤 많은 분량이 남아 있으며, 황해도 자료는 19세기 중반 이후의 것이 약간 남아 있다. 충청도의 보고서를 통해서는 꽤 오랜 기간 호랑이의 피해가 어느 정도였는지 알 수 있고, 황해도의 보고서에서도 단편적이지만 그 피해 상황을 알 수 있다. 이 외에도 전라도 남원에서 1736년 12월 20일에 올린 보고서를 보면, 약 두 달 사이에 11명이 호랑이에게 물려 죽었다는 내용이 있다. 이들은 대부분 땔나무를 구하거나 열매를 따러 산에 갔다가 물려 갔는데, 어떤 사람은 자던 방으로 호랑이가 들어와서 물어 가기도 했다. 산이 많은 강원도는 호랑이 피해가 다른 지방보다 심했던 것으로 보인다. 영조 34년(1758)의 보고서에 의하면, 석 달 동안 호랑이에 물려 죽은 사람이 73명이라고 했다.

어느 지방을 막론하고 호랑이에게 피해를 입은 사람들은 신분이 낮은 사람들이었다. 신분을 확인할 수 있는 사람 대부분은 노비나 중인 또는 하층 양반이고, 지위가 높은 양반층은 없다. 대부분 땔나무를 구하러 인근 산에 가거나 밭에서 일하다가 변을 당한 것으로 보아, 호랑이 피해자는 조선의 하층 백성이었다.

호랑이 피해의 대처 방안

성종 때 간행된 『경국대전』은 조선시대 통치의 기준이 되는 법전인데, 이후 여러 차례 보완이 있었으나 기본적인 골격은 약 400년 동안 그대로 유지되었다. 『경국대전』의 군인 선발 규정에는 호랑이를 잡는 군사를 뽑는 규정이 있다. 이들을 '착호갑사(捉虎甲士)'라고 불렀는데, 문자 그대로 호랑이를 잡는 군사라는 의미이다. 그런데 선발할 때 호랑이를 두 마리 잡은 사람은 시험을 면제해 주었으니, 호랑이가 얼마나 큰 문제였는지 알 수 있다. 다산 정약용도 『목민심서』에서 백성을 위해 없애야 할 해로운 것으로 도적과 귀신 그리고 호랑이를 들고, 이세 가지가 없어져야 백성의 근심이 사라진다고 했다.

조선 후기에 나온 『만기요람』에는 호랑이를 잡는 사람에게 상을 주는 규정이 적혀 있다. 이를 보면, 잡은 호랑이의 크기가 얼마나 되는지, 활이나 창으로 잡을 때 몇 번째로 쏘거나 찔렀는지에 따라 차등을 두어 상을 내렸다. 이처럼 조선시대 초기부터 호랑이를 잡는 일은 매우 중요했으므로, 민심을 안정시키고 군인의 사기를 북돋아 주기 위해 호랑이를 잡는 부대를 따로 만들고 또 포상 규정까지 정해 둔 것이다.

이렇게 포상을 내걸고 호랑이 잡는 일을 독려했지만, 각 지역의 담당 관리가 제대로 일을 하지 못하면 아무 소용이 없는 일이었다. 앞에서 본 순조 18년(1818) 충청도 병마절도사의 호랑이 피해 보고서의 마지막에는 다음과 같은 대처 방안이 들어 있다.

"못된 호랑이가 제멋대로 다니며 사람을 잡아먹으니 지극히 놀랍고도 참혹한 일입니다. 포수를 많이 징발하고 또 함정을 파고 쇠화살을 설치하여 반드시 악호를 잡아서 백성들에게 피해가 없게 하라고 각 해당 진(鎭)의 토포사(討捕使)와 지방관에게 엄하게 당부해 두었습니다."

그런데 이러한 대처 방안이 매달 보고서의 끝에 글자 하나 바뀌지 않고 적혀 있는 것으로 보아 매우 형식적이었던 것임을 알 수 있다. 한편 성실하게 호랑이 피해를 줄이기 위해 노력한 관리들도 있었는데, 영조 35년(1759) 강원도 관찰사 심수가 그중 한 사람이다. 강원도는 산이 많으므로 호랑이의 피해가 다른 지방보다 심했다. 심수는 호랑이 잡는 일에 특별히 힘을 쓰면서, 관내 각 고을의 수령들에게 호랑이 퇴치를 엄하게 지시했다. 그 결과 각 고을에서 40마리의 호랑이를 잡았다. 심수는 호랑이 가죽 40장과 머리를 서울의 해당 관청으로 보내면서, 호랑이를 잡은 8명의 지방 무인들에게 상을 줄 것을 조정에 청했다. 이렇게 지방의 수령이 포수를 시켜 호랑이를 잡고, 이들에게 포상하는 것은 백성들에게 고마운 일이다. 그러나 호랑이 피해가 발생했다고 해서 군대를 동원하여 사냥에 나서면 오히려 해당 고을에 민폐를 끼치게 된다. 그러므로 군대 동원은 상당히 신중하게 행하지 않으면 안 되었다.

민간에서 호랑이의 피해를 막을 수 있는 방법은 거의 없다고 해도 과언이 아니며, 그래서 호랑이에 관한 여러 가지 속설이 생겼다. 그중 하나가 호랑이에게 잡아먹히면 호랑이 몸에 붙어 있으면서 새로운 먹이를 인도하는 귀신이 된다는 것이다. 연암 박지원의 「호질」에도 나오는 '창귀(倀鬼)'가 바로 그것이다.

강원도에는 호랑이에 물려 죽은 사람의 무덤인 호식총(虎食塚)이 있다. 먼저 뼈를 수습하여 그 자리에서 화장하고, 그 위에 돌을 쌓아서 덮은 다음 꼭대기에 시루를 엎어 놓고 쇠막대기를 꽂는다. 1990년 무렵까지 강원도 태백과 삼척 그리고 정선에 200군데 정도의 호식총이 있었다고 하는데, 여기에는 여러 가지 민속적 의미가 있다.(김강산, 『호식장(虎食葬)』) 호랑이에 물려 죽은 사람이 호랑이에 붙어 다니는 귀신이 되지 못하게 불로 태우고, 시루에 쪄서 돌로 봉해 놓은 것이라고 할 수 있다.

조선시대 호랑이 이야기는 정말로 "호랑이 담배 먹던 시절"의 이야기로, 88서울올림픽의 마스코트 '호돌이'의 인상과는 전혀 다르다. 호랑이 이야기를 통해서 "과거는 다른 나라"라는 말이 얼마나 적절한 표현인가를 새삼 느끼게 된다.

도적

조선의 3대 도적은 누구인가?

집안에 대대로 전하여 오는 물건을 청전(青氈)이라고 하는
데, 전(氈)은 짐승의 털로 짠 담요나 방석 같은 것을 일컫는 말
이다. 푸른색 담요라는 의미의 청전은 청전구물(青氈舊物)의 준
말로, 여기에는 다음과 같은 고사가 있다. 명필 왕희지의 아들
왕헌지는 아버지와 마찬가지로 글씨를 잘 쓴 인물이다. 어느
날 밤 왕헌지가 서재에 누워 있을 때, 도둑이 들어 그 방의 물
건을 모두 훔쳐 가려고 했다. 이를 보고 있던 왕헌지가 도둑에
게, "여보게 도둑, 청전은 우리 집에 대대로 전해 온 물건이니
놔두고 갈 수 없을까?"라고 천천히 말하니, 도둑이 놀라서 훔
치려던 물건을 놓고 도망갔다고 한다.

　청전구물의 고사에 등장하는 도둑은 아마도 좀도둑이었던
것 같다. 이런 좀도둑은 어지러운 시절이나 먹고살기 어려울

때 극성을 부린다. 1950년대 서울에서는 댓돌에 놓아둔 신발이나 벽에 걸어 놓은 옷가지를 훔쳐 가는 좀도둑이 많았는데, 조선 말기에도 서울에는 그릇이나 신발 등을 훔쳐 가는 도둑이 많았다고 한다. 좀도둑도 여럿이 모여 조직을 이루면 국가의 존립을 위협하는 세력이 되기도 한다. 임진왜란이나 조선 말기처럼 국가가 위기에 빠진 시기에도 이런 도둑 떼가 횡행했는데, 밖으로는 외적의 침입에 시달리고 안으로는 도둑 떼가 창궐하니 나라가 망하지 않을 수 없게 된다.

도둑이 반드시 어지러운 시대에만 나타나는 것은 아니겠지만, 도둑이 많다는 것은 나라가 어지럽다는 증거일 터이다. 연산군 때의 홍길동, 명종 때의 임꺽정, 숙종 때의 장길산 등은 조선시대의 유명한 도둑인데, 이렇게 이름난 도둑이 있었다는 것은 이 시기에 나라가 편안하지 않았다는 것을 증명하는 것인지도 모르겠다. 이 세 명의 도둑은 이익의 『성호사설』에서 언급한 것으로도 유명한데, 이들에 대해서 알아보기로 한다.

『성호사설』에서 거론한 세 명의 도둑

조선시대 도둑으로 가장 잘 알려진 인물은 임꺽정이다. 성호 이익(1681~1763)의 『성호사설』에 임꺽정에 관한 항목이 있어서, 일찍부터 임꺽정은 조선시대 도둑을 대표하는 이름이었다. 이익은 『성호사설』에서 임꺽정뿐만 아니라 홍길동과 장길산도 함께 거론하여, 이들을 조선의 3대 도적이라고 일컫기도 한다. 그런데 『성호사설』에서 주로 다룬 도둑은 임꺽정이고, 여기에 장길산에 관한 내용을 덧붙였으며, 홍길동에 대해서는 거의 언급하지 않았다.

이익이 조선의 도둑 이야기를 쓴 것은 도둑을 막지 못한 조정의 무능을 비판하기 위한 것이지, 도둑을 찬양하기 위한 것이 아니다. 그러므로 이익은, 임꺽정을 잡기 위해 "3년 동안에 몇 도(道)의 군사를 동원하여 겨우 도둑 하나를 잡았고, 양민으로 죽은 자는 이루 헤아릴 수도 없었다."는 사실을 말했고, 또 장길산을 잡지 못한 데 대해서는, "온 나라가 힘을 다했으나 끝내 잡지 못했다. 우리나라 사람들의 꾀가 없음이 예로부터 이러하니, 하물며 외적의 침략을 막고 이웃 나라에 권위를 세우는 것을 어찌 말할 수 있겠는가. 슬프다!"라고 탄식했다.

근래에 『성호사설』의 임꺽정 항목을 이야기하면서 이들 도둑을 '의적'이라고 소개하는 일이 있어서, 마치 성호 이익이 이들을 의적이라고 말한 것 같은 인상을 주는 경우가 있다. 그러나 이익은 그런 의미로 글을 쓰지 않았고, 홍길동·임꺽정·장길산 등을 도둑이라고 말했을 뿐이다. 이들을 의적이라거나, 영웅시하는 말은 후세 소설가들의 붓끝에서 나온 것이다. 이익이 홍길동·임꺽정·장길산 등을 어떻게 설명했는지 보고, 또 이들에 대한 조선시대의 다른 기록을 참고해서 세 명의 도둑에 대한 사실이 무엇인지 보기로 한다.

홍길동

이익은 홍길동에 대해서, "옛날부터 황해도와 평안도에는 큰 도둑이 많았다. 그중에 홍길동이란 자가 있었는데, 오래전이라서 어떻게 된 것인지는 알 수 없다. 지금까지 장사꾼들이 맹세하는 말에 들어 있다."고 했는데, 이것이 홍길동에 대해 언급한 내용 전부이다. 18세기 중반쯤 되면, 이익처럼 박학다식한 사람도 홍길동에 대해서는 더이상의 정보를 구할 수 없었기 때문에 이 정도밖에는 기술할 수 없었던 것이다.

홍길동에 관한 과거의 기록은 『조선왕조실록』에 들어 있는 몇 가지가 전부이고, 다른 데에서는 그에 관한 정보를 얻을 수 없다. 그러므로 홍길동에 관한 정보는 현재의 우리가 이익보다 좀 더 많이 가지고 있는 셈이다. 왜냐하면 이익은 『조선왕조실록』을 볼 수 없었지만, 우리는 자유롭게 볼 수 있기 때문이다. 한국고전번역원이나 국사편찬위원회 홈페이지에 들어가면 누구나 『조선왕조실록』의 원문과 현대어 번역 전체를 볼 수 있다. 그러나 조선시대에는 왕이라 할지라도 실록을 볼 수 없었으므로, 이익도 실록에 들어 있는 홍길동 관련 기록은 알 수가 없었다.

실록에 나오는 홍길동 관련 기록은 서너 개에 불과한데, 이를 종합해 보면 다음과 같다. 홍길동은 충청도 지역에서 활동한 도적으로, 1500년에 체포되어 의금부에서 조사를 받았다. 홍길동은 높은 벼슬아치 행세를 하면서 돌아다녔다. 충청도는 홍길동의 도둑질로 큰 피해를 보아, 10여 년이 지난 뒤에도 그 후유증을 회복하지 못했다. 이런 정도가 홍길동에 관한 정보 전부이다.

임꺽정

이익은 임꺽정이 관군에게 붙잡혀 죽은 후 약 120년이 지난 다음에 태어났으므로, 그가 임꺽정에 관해서 알고 있는 정보는 대체로 이전의 기록에서 얻은 것이다. 『성호사설』에 실려 있는 임꺽정에 관한 내용은 간단한데, 이는 이익이 얻을 수 있는 정보가 한정되었기 때문일 것이다. 임꺽정에 관해서는 『조선왕조실록』에 상당히 자세히 기록되어 있어서, 실록만으로도 어느 정도 파악할 수 있다. 또 박동량(1569~1635)의 『기재잡기』에 들어 있는 내용도 임꺽정과 가까운 시기의 인물이 쓴 기록이므로 믿을 만하다. 실록과 그 밖의 자료를 바탕으로 임꺽정의 활동을 재구성해 보면 다음과 같다.

임꺽정의 고향은 경기도 양주인데, 언제 어떤 과정으로 도둑이 되었는지는 알 수 없다. 그는 날쌔고 용맹스러우며 교활한 면이 있는 인물로, 그와 함께 도둑질한 무리도 모두 민첩하고 잔인했다고 한다. 임꺽정이 실록에 처음 등장하는 시기는 1559년 3월이다. 이 얼마 전에 개성의 포도군관 이억근이 임꺽정을 추적하여 체포하려다가 도적들에게 오히려 해를 당해 죽은 일이 있었으므로, 무신 중에서 용맹한 자를 뽑아 도적을 잡도록 하자는 논의가 조정에서 있었다. 이런 것을 보면, 임꺽정은 1559년 3월 이전에는 그리 크게 알려지진 않았던 것으로 보인다.

조정에서 임꺽정을 체포하려고 했으나 별다른 성과를 올리지 못하다가, 1560년 11월에 임꺽정의 참모인 서림을 서울에서 잡고, 서림에게서 얻은 정보를 바탕으로 임꺽정의 근거지로 관군 500명을 보낸다. 그러나 관군은 도적을 잡지 못했을 뿐 아니라, 부장 연천령이 도적에게 잡혀 죽는 일까지 발생한다. 그러다가 12월에 황해도에서 임꺽정을 잡았다는 보고를 올리는데, 사실은 임꺽정이 아니라 그의 형 가도치였다. 게다가 이 일은 가도치에게 허위 진술을 하게 한 것이어서, 관련된 자들은 처벌을 받았다.

이듬해 9월에 평안도 의주에서 임꺽정을 붙잡았다는 보고가 올라오자, 임금이 대궐에서 심문하라는 명령을 내렸다. 그런데 이번에도 가짜 임꺽정이었다. 의주 목사 이수철이 공을 세우려고 임꺽정이 아닌 자를 고문해서 임꺽정으로 만들어 서울로 압송한 것이었다. 이런 와중에 10월 6일 황해도에서 임꺽정 일당이 대낮에 민가 30여 곳을 불태우고 많은 사람을 살해하였다는 보고가 올라오자, 임금은 벼슬이 높은 장수와 군대를 보내기로 하고 한성부 판윤을 역임한 남치근을 뽑아서 보냈다.

임꺽정은 변장하고 관군의 포위망을 뚫고 달아났는데, 서림이 임꺽정을 지목하여 화살을 쏘자 사로잡힌다. 1562년 1월 3일 임꺽정을 사로잡았다는 보고를 임금에게 올리니, 조정에서는 금부도사와 무관을 파견하여 서울로 압송하여 목을 베었다. 그런데 1월 9일 사간원에서 남치근을 파직시킬 것을 청했는데, 임꺽정을 잡는 과정에서 황해도 백성들이 너무 큰 피해를 보았기 때문이다. 사간원에서는 임금에게, "비록 도적의 우두머리는 죽었으나, 백성과 군사의 사상자가 너무나 많습니다. 황해도 백성들의 원망과 고통은 이미 극에 달해, 이 얘기를 듣는 사람들은 그 참혹함을 이기지 못할 정도입니다."라고 아뢰었다.

임꺽정이 경기도와 황해도에서 날뛰며 도적질을 한 것은

분명하다. 그런데 임꺽정 같은 무리가 나오게 된 것은 정치가 잘못되었기 때문이라는 평가가 이미 『명종실록』을 편찬하던 때에도 있었다. 『명종실록』을 편찬한 사관은, 임꺽정의 무리를 "비록 방자하다고 하지만 그들의 무리는 8~9명에 지나지 않으며, 모이면 도적이고 흩어지면 백성이다."라고 하면서, 임꺽정 잡는 것을 핑계로 백성을 너무 많이 괴롭혔다는 점을 지적했다.

장길산

이익은 『성호사설』에서, "숙종 때에 장길산이라는 영리한 도둑이 황해도에서 출몰했다. 장길산은 원래 광대로 곤두박질을 잘하는 자였는데, 용맹과 빠르기가 남보다 뛰어났으므로 드디어 도둑의 우두머리가 되었다."고 했다. 곤두박질은 광대가 몸을 뒤집는 재주인데, 이것으로 장길산이 몸이 매우 가벼운 자였음을 알 수 있다. 이 밖에 이익이 장길산에 관해서 말한 것은, 조정에서 장길산을 잡으려 했으나 끝내 잡지 못했다는 것이 전부이다.

장길산은 『조선왕조실록』에 두 차례 등장하는데, 첫 번째는 숙종 18년(1692년) 12월 13일의 기록이다. "이때 도둑의 우두머리 장길산이 평안도 양덕현에 숨어 있었는데, 포도청에서 장교를 보내서 잡으려고 했으나 관군이 놓쳤다. 대신들이 양덕 현감을 처벌하여 다른 고을의 수령을 경계하는 것이 좋겠다고 청하자, 임금이 그렇게 하라고 했다."는 기록으로, 숙종이 비변사의 높은 벼슬아치들을 불러 만난 자리에서 나오는 내용이다. 비변사의 2품 이상 관리들을 만나서 논의했다는 것은 장길산이 좀도둑이 아니었음을 보여 준다.

두 번째는 1697년 1월 10일의 기록이다. 장길산과 결탁해서 반역을 꾀하려는 무리가 있다는 보고를 받은 임금이 이들을 문초한 내용이다. 이 자리에서 숙종은 장길산에 대해서 "큰 도둑인 장길산은 비할 데 없이 날래고 사납다. 여러 곳으로 다니면서 그 무리가 실로 번성했는데, 벌써 10년이 지났으나 아직 잡지 못하고 있다. 지난번 양덕현에서 군사를 풀어 포위해서 잡으려 하였으나 끝내 잡지 못하였으니, 또한 그 흉악함을 알 수 있다."고 말했다. 그러고는 신하들에게 별도로 군사를 내어 체포하도록 하라는 명령을 내렸다. 신하들이 장길산을 잡는 자에게 높은 벼슬과 후한 상을 준다는 약속을 해 줄 것을 왕에게 요청하니, 임금은 이를 허락했다.

이처럼 장길산을 잡는 자에게는 높은 벼슬과 상을 주겠다고 했으나 이후에 장길산을 잡았다는 보고는 없었고, 더는 장길산의 이야기도 나오지 않는다. 몇 가지 기록에 장길산이 등장하기는 하나, 그가 큰 도적이라는 내용일 뿐이다. 장길산은 끝내 잡히지 않은 것이다.

요즈음 흔히 홍길동·임꺽정·장길산을 '조선의 3대 도둑'이라고 말하는데, 이렇게 말하는 근거는 이익의 『성호사설』이다. 그런데 『성호사설』에 들어 있는 이들에 관한 내용은 앞에서 본 바와 같다. 이들이 현재와 같이 주목을 받게 된 것은 홍길동·임꺽정·장길산을 주인공으로 한 소설이 나오면서 시작된 것이다. 1800년 무렵에 나온 고소설 『홍길동전』, 1928년부터 10여 년 동안 홍명희가 신문과 잡지에 연재한 『임꺽정전』, 그리고 1974년부터 10년 동안 황석영이 일간신문에 연재한 『장길산』 등이 바로 그것이다. 『홍길동전』은 오랫동안 허균이 지은 것이라고 알려졌으나, 근래에 그가 작자가 아니라는 사실이 밝혀졌다. 그리고 창작 시기도 1800년을 전후한 시기라는 점도 새롭게 알려졌다.

이처럼 홍길동은 조선 후기 한글소설이 나타나면서 소설의 주인공으로 거듭났고, 임꺽정은 오랫동안 대중의 기억에서 멀어진 인물을 홍명희가 다시 창조해 냈으며, 장길산은 황석영이라는 걸출한 소설가의 손에서 20세기 후반에 다시 살아났다. 소설 속의 주인공들은 소설가의 손에서 새롭게 창조된 인물이지, 역사 속의 실제 인물과는 거리가 매우 멀다. 그렇지만 세 편의 소설이 대중의 사랑을 받고 있다는 면에서 본다면, 이 소설들에는 대중의 꿈이 투영된 것인지도 모른다.

12

김삿갓

양반가의 후손이 떠돌이가 된 이유는?

강원도 영월군에는 김삿갓면이 있다. 사람의 이름이나 별명을 도로의 명칭이나 역의 이름으로 사용하는 예는 드물지 않아서, 서울에는 을지로와 충무로가 있고, 경춘선에는 김유정역이 있다. 그렇지만 면의 명칭에 사람의 별명을 붙인 것은 김삿갓면이 처음인 것 같다. 영월군이 기존의 하동면 대신 김삿갓면이라고 바꾼 이유는 김삿갓의 묘가 이곳에서 발견된 후 김삿갓을 면의 상징으로 삼아서 관광을 활성화하기 위해서였다. 한편 전라남도 화순군에는 김삿갓로라는 도로가 있는데, 김삿갓이 이곳에서 세상을 떠난 것을 기리기 위해 붙인 것이다. 김삿갓면, 김삿갓로는 21세기가 관광과 홍보의 시대임을 보여주는 하나의 예이다.

　특별히 김삿갓에 관심을 두지 않더라고 김삿갓에 관한 다양한 정보를 주변에서 쉽게 접할 수 있다. 김삿갓을 주제로 한 문학작품도 많고, 영화나 드라마로 그의 일생이 제작되기도 했으며, 제목에 김삿갓이 들어가는 유행가도 여러 곡이다. 특히 한시에 한글을 섞어 가면서 지은 김삿갓의 시는 사람들의 입에 자주 오르내린다. 이 글에서는 김삿갓에 관련된 기록 몇 가지를 중심으로 김삿갓 이해에 도움이 될 만한 이야기를 해 보기로 한다.

김삿갓에 대한 기록

김삿갓은 별명이고 그의 본명은 김병연으로, 순조 7년(1807)에 태어나서 철종 14년(1863)에 세상을 떠났다. 세상에 전하는 그에 관한 이야기는 매우 많고, 김삿갓이 지었다고 알려진 시도 상당한 양이 된다. 이렇게 유명한 인물임에도 불구하고, 그에 관한 기록은 알려진 것이 별로 없다.

김삿갓에 대한 가장 오래된 기록은 19세기 중반 이우준이라는 인물이 쓴 『몽유야담』에 실린 것이다. 이우준은 김삿갓을 다음과 같이 묘사하고, 두 편의 시를 실어 놓았다.

김병연은 대나무로 만든 삿갓을 쓰고 다녔다. 옷을 잘 차려입을 때도 있고 누더기를 입고 다니기도 하는데, 술을 즐겨 마셔서 언제나 취하지 않는 날이 없다. 그는 자신의 성과 이름을 속이지 않았고, 글을 잘 쓰는 것으로 이름이 났다. 그는 시를 매우 빨리 정밀하게 지었으며, 자신의 시에 대해 높은 자부심을 지녔다. 언제나 정처 없이 떠돌았으며, 기껏해야 한 달 정도 머물다가는 떠났다.

이우준은 김삿갓과 거의 동시대 인물이므로, 그가 쓴 글은 어느 정도 믿을 수 있다. 그러나 이우준은 김삿갓을 직접 만난 일은 없고, 또 김삿갓이 어떤 내력을 지닌 인물인지 잘 몰랐다. 다만 불우한 환경 탓으로 자포자기 상태에 빠진 인물일 것이라고 추측했을 뿐이다. 19세기 자료 가운데는 이우준의 글 이외에 믿을 만한 것이 없다.

20세기에 들어와서 김삿갓에 관한 글이 나오기 시작한다. 1917년에 장지연이 편찬한 『대동시선』에는 「촉석루」와 「영립」이라는 두 편의 한시가 김병연의 작품으로 실려 있다. 이 책에서는 작자에 대해 "김병연의 자는 성심(性深)이고 호는 난고(蘭皐)이며 본관은 안동이다. 순조 정묘년(1807)에 태어났는데, 평생 삿갓을 썼으므로 세상에서는 김삿갓이라고 불렀다."라고 설명했다. '영립(詠笠)'은 '삿갓을 읊다'라는 의미인데, 이 시는 다음과 같다.

浮浮我笠等虛舟　둥둥 떠 있는 빈 배 같은 내 삿갓

一着平安四十秋　한 번 쓰고 사십 년을 잘 지냈네

牧竪行裝隨野犢　목동은 소 먹일 때 쓰고 다니고

漁翁本色伴江鷗　어부는 갈매기를 짝할 때 쓰네

閒來脫掛看花樹　한가할 때는 벗어 놓고 꽃구경 하고

興到携登詠月樓　흥이 나면 손에 들고 누각에 오르네

俗子衣冠皆外飾　사람들의 의관은 모두 겉치레인데

滿天風雨獨無愁　비바람 몰아쳐도 나는 홀로 걱정 없네

　강학석이 1926년에 간행한 『대동기문』은 갖가지 야담을 모아 놓은 책이다. 이 책의 4권 중 '김병연이 관서 지방에 발길을 끊다'라는 제목의 글에는 다음과 같은 내용이 있다. "김병연은 안동 김씨인데, 그의 할아버지 김익순은 선천 부사였다. 그의 할아버지가 임신년(1812) 관서 지방에서 일어난 홍경래의 반란 때 항복하였으므로 사형당했고, 그 집안은 폐족이 되었다. 김병연은 스스로 자신을 죄인이라고 말하며, 하늘을 우러러볼 수 없다고 하여 일찍이 삿갓을 쓰고 다녔다. 그래서 세상에서는 그를 김삿갓이라고 불렀다." 그리고 관서 지방의 어떤 사람이 김삿갓의 할아버지를 조롱하는 시를 지어서, 김삿갓이 다시는 관서 지방에 가지 않았다는 내용이 덧붙어 있다.

김삿갓의 선조

김삿갓은 평생 관직을 가져본 일이 없으므로 조선시대의 공식 문서에는 그에 관한 내용이 없다. 그리고 김삿갓 이야기라고 전하는 것이 많이 있지만, 그를 직접 만난 사람이 쓴 기록은 찾아보기 어렵다. 이는 김삿갓이 기록을 남길 만한 당대의 주류 세력과는 관계를 맺지 않고 살았음을 보여 주는데, 집안 내력 때문에 주류 세력과 관계를 맺으려고 해도 맺을 수 없는 상황이었다.

김삿갓은 당대에 대단한 권세를 누리던 안동 김씨 가문의 일원이었으므로, 그의 집안도 할아버지가 죄를 짓고 사형당하기 전까지는 괜찮은 편이었다. 김삿갓의 5대조 할아버지 김시태는 황해도 병마절도사라는 꽤 높은 벼슬을 한 인물인데, 경종 초에 신임사화에 연루되어 죽었다. 그러나 영조가 즉위한 뒤 이 사건이 조작된 것임이 밝혀지고 나서 명예가 회복되었다.

왕의 일기라고 말하는 『일성록』의 1783년 2월 20일 기록을 보면, 어영청에서 "김시태의 손자인 김이환의 아들 김익순이 무관으로 적합할 듯합니다."라고 정조에게 아뢴다. 그러자 임금은 김익순을 권무군관으로 발령을 내도록 명령하는데, 이때 김익순은 20세였다. 권무군관은 특별 채용되는 무관으로, 양반의 자제들 가운데 능력 있는 자를 뽑아 두기 위해 만든 제도였다.

이렇게 김삿갓의 할아버지 김익순은 증조부 김시태의 후광을 입어 관직에 나아가게 된다. 김익순은 이후 여러 곳에서 수령을 지냈고 1811년에는 선천 부사로 재직 중이었는데, 이때 홍경래가 반란을 일으켜 선천으로 쳐들어왔다. 그런데 김익순은 반란군에게 항복을 했고, 후에 반란이 수습될 무렵에는 자신이 반란군 장수의 목을 베어 왔다는 거짓 보고까지 했다. 이러한 그의 행적이 드러나서 사형을 당하고 모든 재산은 몰수되었다.

할아버지 김익순이 순조 12년(1812)에 처형당했을 때 김삿갓은 여섯 살의 어린아이였는데, 이때부터 대역죄로 사형당한 인물의 후손이라는 오명을 쓰고 살아갈 수밖에 없었다. 20세 전후로 부모가 모두 숨지자, 그는 출세할 수 없는 자신의 신세를 한탄하며 세상을 떠돌게 된다.

이처럼 김삿갓의 선조에 관한 기록은 많이 남아 있으나, 정작 김삿갓에 관해서는 기록이 없다. 김삿갓의 후손 중에 어느 정도 알려진 인물로는 손자 김영진이 있는데, 1940년 전후한 시기에 그를 만난 사람들이 전하는 이야기가 몇 가지 있다.

김삿갓의 손자 김영진

1973년 3월 8일 자 「중앙일보」에는 '방랑시인 김삿갓 친필 발견'이라는 기사가 실렸다. 기사 내용은 "삿갓을 눌러쓰고 전국을 방랑하며 해학과 풍자에 넘치는 재치 있는 시구로써 이조 사회의 부조리를 읊었던 방랑시인 김삿갓의 친필이 유달영 서울농대 교수와 장우성 화백(홍익대 미술학부장)에 의해 소장되어 왔음이 최근 밝혀져 처음으로 그의 글씨 솜씨가 세상에 알려지게 되었다."는 것이었다.

이 기사가 나오고 8년 뒤인 1981년 12월 22일 자 「중앙일보」에는 장우성이 김삿갓의 손자를 만난 이야기가 실려 있다. 장우성은 자신이 절의 탱화를 그리게 된 사연을 다음과 같이 적었다.

나는 중일전쟁이 일어난 1937년 겨울에 난데없이 불화 제작 주문을 받았다. 여주군 금사면 이포리에 석문사라는 절을 짓고 있었는데 이 절 주지인 창강 김영진 씨가 느닷없이 내게 탱화를 그려달라고 찾아왔다. 이 절 주지스님은 그 유명한 삿갓 김병연의 손자다. 우리 집안과도 세의가 있던 분인데 한말에 홍천 군수까지 역임했다. 글공부를 많이 했는데 조부인 난고 김병연이 방랑길에 오른 탓에 창강도 세상을 탓하고 머리 깎고 중이 된 것이다.

장우성은 이 글에서 자신은 불화를 그려 본 적이 없음에도 불구하고, 김영진의 요청으로 탱화를 그리게 된 경위를 자세히 썼다. 여주에서 성장한 장우성의 집안과 김영진의 집안은 서로 알고 지내던 사이였다. 이 글에 의하면, 김영진은 승려가 되었다가 불공을 드리러 온 상궁을 알게 되었고, 이 상궁이 고종에게 이야기를 해주어 승려 생활을 그만두고 벼슬을 했다. 그리고 만년에는 절을 짓고 다시 승려 생활을 했다고 한다.

안동 김씨 족보에 따르면, 김영진은 1868년에 태어나서 1947년에 세상을 떠났다. 장우성이 탱화를 그려 달라는 부탁을 받았을 때 김영진은 70세였고, 장우성은 26세의 청년이었다. 김영진은 장우성을 어려서부터 봐 왔고, 또 그의 그림 솜씨를 알았으므로 탱화 제작을 부탁한 것이다. 이렇게 장우성의 기록을 통해 김삿갓의 손자에 관한 정보를 어느 정도 알 수 있다.

그런데 1997년 4월 14일 자 「문화일보」에 실린 '김삿갓의 후손'이라는 글에서, 유달영도 여주의 석문사에서 김삿갓의 손자 김영진을 만났다고 썼다. 유달영은 일제의 언론 탄압 사건인 '성서조선 사건'으로 1942년 3월부터 1년간 감옥에 갇혔다가 풀려난 후, 처남이 살던 여주에서 며칠 쉰 일이 있었다고 한다. 그때 "어떻게 알았는지 두 군데에서 만나자는 연락이 왔다. 첫 번째는 초등학교 교사들 그룹이고 두 번째 초청은 뜻밖에도 난고 김병연 속칭 김삿갓의 손자인 김영진 씨였다."고 했다. 유달영은 김영진을 만나 이야기를 나눈 다음, 다음과 같은 짐작을 했다고 한다.

나의 짐작으로는 어떤 상궁이 왕비의 뜻을 받들어 김영진의 소원을 묻게 되었을 것이다. 틀림없이 절을 확장해 달라거나 또는 암자를 지어 달랄 것으로 믿었는데 뜻밖에도 환속하여 벼슬을 한자리 하고 싶다고 하였을 것이다. 후일에 김영진은 소원대로 환속하여 한 고을의 원이 되었고 얼마 후에 퇴임한 후에는 이포로 돌아와 살았다.

장우성과 유달영이 보관하고 있던 김삿갓의 친필은, 이렇게 김영진에게 얻은 것이었다. 그리고 김삿갓의 손자 김영진이 벼슬을 한 덕분인지는 알 수 없으나, 순종 2년(1908) 4월에 대한제국은 김삿갓의 할아버지 김익순의 관작을 회복시켜 준다. 이로써 김삿갓 집안의 불명예는 약 백 년 만에 끝난다.

김삿갓이 세상을 떠돌며 시를 쓴 이유

조선시대 사람들이 가지고 있던 꿈은 하나로 귀착되는데, 바로 과거에 급제하여 높은 벼슬을 하는 것이다. 인간적인 삶을 산다든가, 예술적 능력을 발휘한다든가 하는 것은 모두 과거에 급제해서 벼슬을 한 다음에 이루어지는 것이었다. 그런데 반역자의 손자 김병연은 과거에 응시할 수 없었고, 현대인들로서는 그의 절망이 얼마나 컸는지 상상하기 어려울 것이다.

예를 하나 들어 보기로 한다. 순조 31년(1831)에 열린 과거의 소과 초시에 김정순이라는 인물이 응시해서 합격한 일이 있었다. 그런데 김정순이 김익순의 사촌 동생이라는 사실이 밝혀지면서, 합격이 취소되었다. 이 사실이 『순조실록』에 들어 있다는 것은, 국가에 중대한 범죄를 지은 자의 후손이나 친척은 과거를 볼 수 없다는 사실을 강조한 것이라고 할 수 있다. 김익순의 사촌 동생이 과거에 응시할 수 없다면, 그 직계 손자인 김병연은 더 말할 필요가 없다.

김병연이 삿갓을 쓰고 세상을 떠돌면서 풍자적인 시를 쓴 것은 그것 외에 다른 어떤 일도 용납되지 않았기 때문이다. 쓴 시들을 모아 시집을 내는 일 역시 엄두를 낼 수 없었다. 현재 김삿갓에 관한 책은, 대중을 상대로 한 흥미 위주의 책부터 한시 연구자의 학술서까지 다양하게 나와 있다. 그리고 필자의 이 글처럼 짧은 글은 셀 수 없이 많으며, 학술논문도 상당수 발표되어 있다. 그런데 김삿갓은 자신의 글을 정리해 두지 않았으므로, 1930년대 중반까지도 김삿갓의 시집은 간행되지 않았다.

김삿갓의 시를 수집해서 한 권의 책으로 엮은 인물은 이응수이다. 이응수는 1939년 『상해 김립시집(詳解金笠詩集)』을 출판하고, 2년 후에 다시 『대증보판 김립시집』을 간행했으며, 1956년에는 『풍자시인 김삿갓』을 평양에서 냈다.

이응수는 함경남도에서 출생하여 이곳에서 고등학교까지 마치고, 일본에 유학하다가 중도에 그만두었다고 한다. 그리고 후에 경성제국대학 법문학과 철학과를 졸업했다. 해방 후에 그는 북한에서 김삿갓 연구를 계속했는데, 북한의 문학 연구에서 김삿갓이 중요한 위치에 자리 잡게 된 것은 그의 연구 덕분이었던 것으로 보인다. 이응수가 편찬한 김삿갓 시집은 남북한과 국내외를 막론하고 후대에 간행된 수많은 김삿갓 시집의 바탕이 되었다. 연구자들도 이 시집에 들어 있는 자료로 연구를 진행해 왔다. 지금도 가끔씩 김삿갓의 시가 새로 발굴되어 화제에 오른다. 그러나 1920년대부터 체계적으로 김삿갓의 시를 수집해서 편찬한 이응수의 노력이 없었다면 남북한 모두 지금보다 훨씬 빈약한 자료만 쥐고 있었을지 모른다.

인터넷에서 '김삿갓'을 검색해 보면, 시에 대한 것은 말할 것도 없고, 일화나 명언이라는 것도 다양하게 있으며, 김삿갓이라는 이름이 붙은 음식점도 수두룩하다. 그런데 김삿갓을 가장 열심히 홍보하는 데는 몇 군데 지방자치단체이다.

경기도 양주시는 김삿갓이 태어난 곳이라는 전해 오는 이야기를 바탕으로, 양주 출신의 문인 김삿갓의 업적과 생애를 기념하기 위해 매년 백일장을 열고 있다. 그리고 시내에는 김삿갓교라는 다리가 있다. 전라남도 화순군 동복면에는 김삿갓이 세상을 떠난 곳으로 알려진 집이 있었는데, 화순군은 이 집을 복원하여 '난고 김병연(김삿갓) 선생 운명하신 집'이라는 커다란 비석을 세워 놓았다. 그리고 삿갓동산을 조성하여 50여 개의 김삿갓 시를 새긴 석비를 세워 놓았다. 강원도 영월군은 다른 지역에 비해 훨씬 더 적극적이다. 우선 면의 명칭을 김삿갓면으로 바꾸고, 여러 지명에 '김삿갓'을 붙였다. 매년 김삿갓문화제를 개최하며, '난고김삿갓문학관'을 세워 김삿갓의 문학적 유산을 체계적으로 관리하고 있다.

이처럼 전국에서 김삿갓을 기리는 다양한 행사가 열리고 있으니, 할아버지가 지은 죄에 연좌되어 꿈을 펼치지 못했던 김삿갓에게 조금쯤 위로가 될지도 모르겠다.

13

황산대첩비

누가 비석을 깨뜨렸는가?

지리산 둘레길은 전라남북도와 경상남도의 다섯 개 시군에 걸쳐서 조성된 총연장 약 300킬로미터의 도보 여행길이다. 지리산을 중심에 두고 한 바퀴 도는 이 길은, 국가숲길로도 지정된 우리나라의 대표적인 숲길이다. 전체 21개 구간 중 어떤 곳은 상당히 가팔라 힘든 코스도 있고, 또 어떤 곳은 평탄해서 쉽게 걸을 수 있는 코스도 있다. 이 가운데 가장 쉬운 구간은 운봉에서 인월까지의 제2코스라고 한다.

　이번 글에서 다루는 황산대첩비는 바로 이 지리산 둘레길 제2코스에 자리 잡고 있다. 고려 말에 수십 년 동안 고려에 침입해 말썽을 부리던 왜구의 준동을 꺾어 버린 결정적 전투가 바로 이곳 운봉에서 인월 사이에 있는 황산에서 벌어졌다. 이 전투에서 고려의 장수 이성계는 왜구를 완전히 섬멸했다. 이

황산대첩비는 고려 말 왜구를 물리쳤던 이성계의 공을 기리기 위해
1577년에 세운 것이다. 그런데 일제는 1945년 패망 직전,
이 비석을 깨뜨리고 글자도 못 읽게 훼손해 버렸다. 문화재청.

싸움은 1380년에 벌어졌는데, 모두가 잘 아는 바와 같이 12년 후인 1392년에 이성계는 새로운 나라 조선을 세우게 된다.

이성계의 무공을 빛내고 또 잊지 않기 위해 1577년에 '황산대첩비'를 황산 근처에 세웠다. 그런데 400년 가까이 풍우를 견디며 굳건히 서 있던 이 비석은, 1945년 일본이 패망하기 직전에 일본인에 의해 파괴된다. 비석의 글자는 정으로 쪼아서 읽을 수 없게 뭉개 놓고, 비석도 깨뜨려서 여러 조각을 내 버렸다. 그러나 비석의 문장은 따로 전해지는 것이 있었으므로, 1957년에 그 자리에 다시 비석을 세울 수 있었다. 현재 황산대첩비가 있는 자리 전체는 사적으로 지정되어서 파손된 원래 비석과 새로 세운 비석, 그리고 그 밖에 여러 가지 유적이 함께 보존되어 있다. 그럼, 여기서 황산대첩비에 얽힌 얘기를 몇 가지 해 보기로 한다.

황산대첩과 『용비어천가』

이성계는 원래 고려의 무장으로, 고려를 침입한 외적을 물리쳐서 이름을 떨친 인물이다. 그의 대표적 무공으로 언급되는 것은 두 가지인데, 하나는 중국의 홍건적 침입을 물리친 것이고, 다른 하나는 일본의 왜구를 섬멸한 것이다. 이 가운데 왜구를 소탕한 전투를 '황산대첩'이라고 부르고, 이 전투의 승리를 기념하기 위해 세운 비석이 '황산대첩비'이다.

황산대첩은 고려 말에 오랫동안 지속된 왜구의 침입을 물리친 전투라는 점에서 기억해 둘 만하다. 수십 년 동안 한반도 남부에서 분탕질을 치던 왜구의 세력은, 1380년 이성계의 황산전투 승리 이후 기세가 약화되면서 더이상 큰 문제를 일으키지 못했다. 이처럼 고려 말 한반도에서 왜구를 몰아내는 데 결정적인 계기가 된 황산대첩의 내용은,『고려사』나『태조실록』같은 조선 초에 간행된 역사서가 아니라, 문학작품으로 알려진『용비어천가』에 가장 먼저 실렸다.

"뿌리 깊은 나무는 바람에 흔들리지 않고, 샘이 깊은 물은 가뭄에도 마르지 않는다."는 유명한 구절로 잘 알려진『용비어천가』는, 훈민정음을 창제한 이후 이 새로 만든 문자를 처음으로 사용해서 제작한 책이다. 이 책의 주요 내용은, 조선의 건국은 하늘의 뜻이라는 점과 아울러 이 하늘의 뜻을 받들어 이성계와 그의 아들 이방원이 얼마나 많이 노력했는가 하는 점을 기술한 것이다. 그러므로 이 책에는 이성계의 뛰어난 무공이 잘 드러나는 황산대첩에 관한 내용도 자세히 실어 놓았다.

이성계의 황산대첩을 기록한 자료로는『용비어천가』이외에『고려사』나『태조실록』등이 있는데, 세 자료에 실려 있는 내용은 거의 같다. 내용 기준으로는『고려사』,『태조실록』,『용비어천가』의 순서지만, 실제로 책이 만들어진 시기는 이와 다르다. 『고려사』는 조선 건국 후 바로 만들었으나 이후 여러 차례 새로 고쳐 썼고, 단종 2년(1454)에 비로소 간행되었다. 그리고 『태조실록』도 이성계가 세상을 떠난 후 10년 정도 지나 완성되었으나, 이후 여러 차례 수정해서 문종 1년(1451)에 최종적으로 완성되었다. 지금 우리가 보는 『고려사』와 『태조실록』은 모두 이 수정본이고, 이전에 제작한 것은 현재 남아 있지 않다.

이성계의 손자이며 이방원의 아들인 세종은 『고려사』와 『태조실록』의 이성계 관련 기록에 대해 특히 불만을 가졌다. 임금이라 하더라도 실록은 읽을 수 없는 법인데, 세종은 기존에 편찬된 『태조실록』을 가져오라고 해서 읽어 본 다음, 할아버지에 대한 기록이 너무 간략하다는 점을 지적하고 이를 보완하라고 지시했다. 그리고 『고려사』의 내용에도 문제가 있다면서 인쇄를 마친 것을 모두 폐기하기도 했다.

세종이 할아버지의 사적에 대한 역사서의 내용에 불만을 표시한 것 중에는 황산전투도 들어 있었다. 세종은 신하들에게 1380년 왜구의 침입을 물리칠 때의 정황을 현지에 가서 조사하라고 하고, 여러 고을에 흩어져 살고 있는 노인들을 널리 찾아다니며 할아버지 이성계의 무공에 관한 내용을 상세히 수집하여 보고하라고 명령을 내린다. 명목상으로는 『용비어천가』

를 편찬하기 위한 자료 수집이라고 했지만, 이 내용은 후에 『태조실록』이나 『고려사』의 이성계 관련 기록을 수정할 때 근거 자료가 되었다. 『고려사』, 『태조실록』, 『용비어천가』의 황산대첩 내용이 완전히 같은 것은 이 때문이다.

황산전투의 전개

고려 말기에 왜구는 수시로 침입해서 인명을 살상하고 재물과 곡식을 약탈해 갔다. 우왕 6년(1380) 8월, 500척의 배를 이끌고 침입해서 금강의 하구인 진포에 정박했을 때는 최무선 등이 화포로 공격하여 이 배들을 모두 불살라 버렸다. 돌아갈 배를 잃은 왜구는 내륙으로 다니며 온갖 분탕질을 했다. 이들은 충청도, 경상도, 전라도 지역을 휩쓸고 다니다가, 함양을 지나 남원으로 향했다. 왜구는 장차 수도 개경으로 쳐들어간다고 떠들어 댔다.

고려 조정에서 이성계를 보내 왜구를 정벌하도록 했는데, 이때 왜구는 인월(현재 남원시 인월면)에 주둔하고 있었다. 왜구의 기세가 매우 강하고 또 고려군이 계속 패했으므로, 장병들이 전투에 임하는 자세는 소극적이었다. 이성계는 앞장서서 나아가 싸우면서 왜구 50명을 활로 쏘아 죽였고, 무릎에 화살을 맞으면서도 8명을 죽이기까지 했다. 이처럼 대장이 앞장서서 왜구를 물리치자 군사들의 사기가 올랐고, 왜구들이 오히려 진을 치고 지키는 상황이 되었다. 황산전투의 결정적인 장면은 이성계가 적장을 죽이는 대목인데, 『용비어천가』에는 이를 다음과 같이 기록해 놓았다.

적장 가운데 나이가 15~16세 되는 자가 있었는데, 용모가 단정하고 아름다운 데다가 사납고 날쌔기가 비할 데 없었다. 흰 말을 타고 창을 휘두르며 말을 달려 돌진하면, 향하는 곳은 모두 쓰러져 감히 당해낼 자가 없었다. 아군에서는 '아기바톨'이라고 부르며 다투어 피했다. 이성계가 그 용기와 날카로움을 아껴 이두란에게 사로잡으라고 명하자, 그를 죽이지 않고 사로잡으려면 다른 사람이 다칠 것이라고 이두란이 말했다. 아기바톨은 갑옷을 입고, 투구는 얼굴과 목을 감싸고 있어서 활을 쏠 틈이 없었다. 이성계가 이두란에게 "내가 투구의 꼭지를 쏘아 벗길 테니 너는 바로 쏴라."라고 하고는, 말을 달리며 활을 쏘아 꼭지를 정통으로 맞히니 투구의 끈이 끊어져 투구가 비스듬히 벗겨졌다. 아기바톨은 급히 투구를 바로했다. 이성계가 다시 쏘니 또 꼭지에 맞아 드디어 투구가 떨어지자, 이두란이 쏘아 죽였다. 이에 적의 기세가 꺾였다.

적장 아기바톨을 죽인 후 이성계는 병사들보다 앞에 나가

적을 무찔렀고, 황산 앞을 흐르는 시냇물이 적의 피로 붉게 물들었다. 아군보다 열 배나 많은 적군을 모두 물리쳐서, 적군은 겨우 70여 명이 살아서 달아났다고 한다.

『용비어천가』에는 적장에 대한 상세한 설명을 덧붙여 놓았다. 그의 이름을 한자로 아기발도(阿其拔都)라고 써 놓고, '아기'는 우리말로 어린아이를 부르는 말이고, '발도'는 혹 발돌(拔突)이라고도 쓰는데, 몽골어로 용감하여 대적할 자가 없는 것을 말한다는 주석을 붙였다. 그리고 한자 '阿其拔都'의 우리말 음은 '아기바톨'이라고 적어 놓았다. 『고려사』나 『태조실록』에는 '아지발도(阿只拔都)'라고 되어 있어서, 후대의 기록에는 모두 '아지발도'라고 했으나, 당시 고려 군사들이 적장에게 붙여 준 이름의 정확한 표기는 '아기바톨'이다.

황산전투에서 왜구를 물리치고 개성에 돌아오자 최영은 이성계의 손을 잡고 눈물을 흘리면서 치하했고, 여러 사람이 시를 지어 축하했다. 특히 권근은 두 편의 시를 지어 축하했는데 한 편은 이성계를 위한 것이고, 또 한 편은 아들 이방원을 위한 것이었다. 이 시에 의하면, 14세의 이방원은 아버지를 따라 황산전투에 참전하여 승리를 도왔다고 한다.

이성계는 일찍이 홍건적을 물리치면서 북방의 방어에서 크게 명성을 떨쳤는데, 황산전투에서 남쪽에 침입한 왜구를 섬

멸함으로써 그의 명망은 더욱 높아졌다. 뛰어난 무공이 새로운 나라 조선을 세운 원동력이었음은 말할 것도 없다.

황산대첩비 건립

이성계의 황산전투 이후 약 200년이 지난 선조 10년(1577)에 전라도 관찰사 박계현이 황산전투의 승리를 기념하는 비석을 세울 것을 건의하자, 조정에서 운봉 현감 박광옥에게 황산의 서쪽에 비석을 세우도록 한다. 황산대첩비의 비문은 대제학을 지낸 김귀영이 썼는데, 내용은『용비어천가』에 들어 있는 것과 크게 다르지 않다. 황산대첩비는 이곳을 지나는 사람들에게 황산대첩을 한 번쯤 다시 생각하게 해 주었고, 또 이 비석이 있는 마을도 함께 사람들에게 알려지게 된다.

『어우야담』의 작자로 잘 알려진 유몽인은 1611년 2월 남원의 수령으로 부임하여, 3월 말부터 4월 초까지 열흘 정도 지리산을 유람했다. 그는 운봉을 지나 지리산의 정상인 천왕봉까지 올라갔다가 화개마을 쪽으로 내려왔고, 이 여행의 기록을 남겨 놓았다. 유몽인은 남원을 떠나 점심때 황산대첩비가 있는 마을에 도착해 쉬면서 이 비석을 보았는데, 그러고 나서「황산대첩비」라는 제목의 시를 짓기도 했다.

유몽인이 남원에 부임한 시기는 임진왜란이 끝난 지 10여

년 정도밖에 되지 않았으므로, 임진왜란에 대한 자신의 의견도 써 두었다. 그는 태조 이성계가 황산의 싸움에서 왜구를 물리칠 수 있었던 것은 태조가 전술을 잘 구사했기 때문이라고 보았다. 적은 군사로 많은 적을 대적하려면 이태조처럼 황산과 같은 요해처에서 적을 맞아 싸워야 한다는 것을 강조했다. 정유재란 때 조선과 명나라 연합군이 남원성에서 일본군에 패한 것은 유리한 곳을 차지하고 지키지 않았기 때문이라는 점도 아울러 말했다.

많은 사람이 황산대첩비를 보고 글을 남겼는데, 박세당, 장유, 채제공 등 당대의 저명인사들이 지은 시가 전해진다. 다산 정약용도 황산을 지나다가 비석의 글을 읽고 간단한 감상을 썼으며, 또 시도 지은 것이 남아 있다. 정약용도 유몽인과 마찬가지로 황산은 천연의 요새이므로, 이곳을 잘 지키는 일이 매우 중요하다는 점을 강조했다.

황산대첩비를 세우고 비석을 보호하기 위한 전각을 지었으므로, 이 비석이 있는 동네는 '비전(碑殿)'이라는 이름을 얻게 된다. 이곳을 지나다가 글을 남긴 사람들이 '비전'이라는 마을 이름을 언급하였고, 『대동여지도』에도 '비전'이라는 마을의 이름이 나온다. 이름 없던 작은 마을이 황산대첩비 덕분에 크게 알려진 셈이다. 그리고 혈암도 비석과 함께 조명을 받게 된다.

혈암(血巖)은 우리말로 '피바위'라고 하는데, 비전마을 앞을 흐르는 람천에 있는 너럭바위이다. 이 바위에는 황산전투에서 죽은 왜구의 피가 흘러 바위가 붉게 물들었다는 전설이 있다. 황산대첩비를 주제로 한 시에는 혈암이 빠짐없이 등장하는데, 이곳을 방문한 사람들에게 비석만큼이나 깊은 인상을 주었던 것으로 보인다. 1905년 을사조약이 체결되자 독약을 마시고 자결한 송병선도 지리산 여행을 하면서 비석과 바위에 대한 인상을 글로 남겼다.

비석의 파괴

임진왜란이 끝난 지 10여 년 후인 1611년에 이 비석을 본 유몽인은 황산대첩비가 아무 탈이 없다고 했다. 또 강항의 시 「황산대첩비」에는, 10년 동안의 전쟁에도 이 비석은 없어지지 않았다는 대목이 있고, 일본군 천 명이 비석을 끌어당겼으나 움직이지 않았다는 말도 들어 있다. 강항은 임진왜란 때 일본에 잡혀갔다 돌아와 『간양록』을 쓴 인물로, 의병장으로도 활약했다.

그런데 영조 8년(1732) 전라도 어사 정형복이 운봉의 황산에 있는 태조의 승전 비각이 낡고 헐어서 수리할 필요가 있다는 보고를 올린다. 이 보고를 받은 영조는 바로 수리하도록 했다. 그 후 정조 13년(1789)에 다시 크게 수리를 하면서, 이곳을 지키는 장교를 병조에서 임명하도록 했다. 처음에 비석을 세울 때 별장(別將)을 두었는데, 이후에 승려들이 지키게 되었고, 이 때 다시 별장을 두었다. 고종 37년(1900)에도 전라도 관찰사를 역임한 이도재가 황산대첩비를 살펴봤다는 내용의 얘기를 고종에게 전한 바가 있다.

황산대첩비는 임진왜란이 일어나기 15년 전에 세운 비석이므로, 임진왜란 때 이곳을 지나가던 일본군도 이 비석을 보았다. 1840년에 일본인 반 노부토모가 쓴 글에 의하면, 임진왜란 때 참전한 일본 장수 가토 기요마사도 황산대첩비를 보았는데, 그는 비석을 없애 버리지는 않고 탁본 하나를 구해 갔다고 한다. 반 노부토모는 가토 기요마사가 가지고 간 황산대첩비의 비문을 옮겨 놓고 자신의 견해를 덧붙인 글을 남겼다.

조선이 일본의 식민지로 전락한 이후 황산대첩비는 기구한 운명을 맞게 된다. 조선시대에는 국가의 보호를 받는 중요한 기념물이었지만, 식민지 종주국인 일본의 왜구를 물리친 기념물이므로 일제로서는 중요한 것이 아니었다. 1922년 7월에 이재극, 이지용, 이재각 등 전주 이씨 37명이 연명하여 이 부지의 비석과 건물 등을 매각해 줄 것을 청원하는 문서를 조선총독에게 제출한다. 전주 이씨 문중에서는 선조의 업적을 영구히 보존하기 위해서 황산대첩비와 그 부지를 불하받겠다고 했다.

청원서에 대한 회신을 보면, 황산대첩비에는 일본인을 '섬 오랑캐(島夷)'라고 욕하는 문구 같은 것이 있으므로, 이 비문의 탁본이나 등사본을 퍼뜨리지 말아야 한다는 주의사항을 붙여 놓았다. 이제 황산대첩비는 국가 기념물이 아니라 전주 이씨 집안의 기념물이 된 것이다.

그러나 비석을 영구히 보존하겠다던 전주 이씨 문중의 꿈은 20여 년이 지나면서 완전히 깨어진다. 일제가 태평양전쟁을 일으킨 후 전세가 점점 불리해지면서, 반시국적인 고적을 철거하는 것이 조선총독부의 방침으로 정해졌기 때문이다.

일제는 일찍이 해인사의 사명대사비를 파괴한 일이 있었고, 1943년 여름부터는 명량대첩비나 좌수영대첩비 같은 비석을 땅에 파묻는 만행을 저질렀다. 이런 비석에는 임진왜란 때 일본의 침입을 막아 낸 내용이 들어 있는데, 일제는 이런 내용이 있는 고적을 반시국적 고적이라고 지칭하면서 무언가 조처를 하기로 한다. 이에 따라 조선인의 민족적 자부심을 공고히 하는 고적은 철저히 없애야 한다는 내용의 공문을 만들기도 했다.

그리고 광복을 얼마 남기지 않은 1945년 1월, 일제는 황산대첩비의 글자를 모두 지우고, 비석은 몇 조각으로 깨뜨려 버렸다. 광복된 지 10여 년이 지난 1957년에 성적봉찬회(聖蹟奉贊會)라는 명의의 조직에서 비석을 다시 세우는데, 아마도 이 모임은 전주 이씨 문중과 관련이 있는 것으로 보인다.

원래의 비석은 깨어져서 원형이 손상되었으므로 문화재로 지정될 수 없다고 하여, 현재는 '황산대첩비가 있던 자리'라는 의미인 '황산대첩비지(荒山大捷碑址)'가 사적으로 지정되어 있다. 그러나 깨어진 비석 그 자체가 역사성을 지닌 것이므로, 깨어진 비석을 잘 맞춰서 다시 세우고, 이를 문화재로 지정할 수도 있을 것이다. 황산대첩비의 경우에는 그렇게 하는 것이 문화재로서의 진정한 가치를 드러낼 수 있는 것인지도 모른다.

현재 황산대첩비가 있는 남원시 운봉읍의 비전마을은 판소리로 유명한 곳이다. 동편제의 창시자인 송흥록과 명창 박초월이 비전마을에서 태어났다. 이곳에는 2만 평이 넘는 대지에 '국악의 성지'가 조성되어 있다. 이제 비전마을은 황산대첩비보다는 판소리가 훨씬 더 중요한 곳이 되었다.

14

판소리

소리가 먼저인가, 소설이 먼저인가?

창자가 이야기를 섞어 가면서 노래를 하면 고수가 추임새를 넣고 북을 쳐서 장단을 맞춰 주는 우리나라 전통음악 판소리를 모르는 사람은 없을 것이다. 1993년 「서편제」가 한국 영화 최초로 관객 백만 명을 돌파하여 영화사의 새로운 기록을 세우면서, 이 영화의 소재로 쓰인 판소리는 한국 전통음악의 대표라는 인상을 사람들에게 깊게 남겼다. 일찍이 판소리는 종묘제례악(제1호)이나 남사당놀이(제3호)에 이어, 1964년에 국가무형문화재 제5호로 지정되었다. 그리고 2003년에는 유네스코에서 선정하는 '인류 구전 및 무형유산 걸작'에 들어갔고, 2008년에는 유네스코 무형문화유산 대표 목록으로 등재되었다.

이와 같이 판소리가 문화재로 지정되었다든가 세계문화유산으로 등록되었다는 사실은 판소리가 얼마나 훌륭한 전통 예술인가를 보여 주는 한편, 자칫 사라질 가능성이 있다는 의미이기도 하다. 실제로 판소리는 한때 그 맥이 끊길 정도로 어려운 상황에 처하기도 했는데, 특히 1960년대에는 절멸의 위기에 봉착했었다.

현재 각 대학의 국악과에는 판소리를 전공으로 선택하는 학생이 상당수 있고, 국가나 지방자치단체에서 설립한 기관 중에는 판소리를 전문으로 하는 곳도 있다. 그리고 1962년에 창단한 국립창극단은 판소리를 바탕으로 만든 '창극'을 공연하기 위해 국가에서 설립한 단체이다. 또 1984년에 창립된 판소리학회는 전문 연구자들이 만든 학술단체로, 문학·음악·연희 등의 여러 방면에서 판소리 연구를 해 나가고 있다.

이처럼 국가의 지원을 받는 판소리 단체도 많고, 중고등학교나 대학에서 판소리를 배우고 가르치는 사람들도 많으며, 학술적으로 판소리를 연구하는 전문학자도 상당수 있다. 그런데 이상한 일은 판소리가 언제 생겼으며, '판소리'라는 단어의 의미가 무엇인지 정확히 모른다는 점이다. 이렇게 된 데에는 여러 가지가 이유가 있겠지만, 무엇보다 판소리와 관련된 20세기 이전의 기록이 없다는 것이 가장 큰 이유이다. 연구할 수 있는 자료가 없기 때문에 판소리 연구는 대부분 전해 오는 이야기나 음악 관련 기록을 바탕으로 이루어졌다. 이 글에서는 판소리와 관련된 몇 가지 문제를 이야기하면서, 필자의 견해를 소개하기로 한다.

판소리의 역사

문화재청의 국가문화유산포털에서 국가무형문화재 '판소리' 항목을 보면 판소리의 유래는 정확히 알 수 없다고 하면서, 숙종 이전에 발생하였을 것이라고 추측하고 있다. 그리고 유네스코 한국위원회의 공식 사이트인 '유네스코와 유산'에서는 "판소리는 17세기 한국의 서남 지방에서, 굿판에서 무당이 읊조리는 노래를 새롭게 표현한 것에서 유래되었을 것으로 짐작하고 있다."고 했다.

판소리 발생에 대한 설명은 고등학교 교과서에도 비슷하게 이어지고 있다. 다음은 2015년에 나온 한 출판사의 문학 교과서에 실려 있는 내용이다.

학생 : 판소리는 누가 지었고 어떻게 전승되었나요?

선생님 : 판소리가 언제 어떻게 생겨났는지는 정확하게 알 수 없습니다. 조선 영·정조 시대의 명창 몇 사람의 이름이 전해지고 있는 것으로 미루어 조선 후기에는 꽤 널리 향유되고 있었음을 짐작할 수 있을 뿐입니다.

앞에서 든 몇 가지 예는 판소리의 역사에 대해서 우리가 알고 있는 것이 별로 없다는 것을 잘 보여 준다. 이렇기 때문에 당연히 '판소리'라는 용어도 제대로 설명하지 못하고 있다.

'유네스코와 유산'에서 판소리를 설명한 것을 보면, "판소리라는 말은 '여러 사람이 모인 장소'라는 뜻의 '판'과 '노래'를 뜻하는 '소리'가 합쳐진 말이다."라고 했다. 이와 같은 설명은 판소리 연구 초기인 1950년대에 나온 것인데, 70년이 지난 지금까지도 그 이상 밝혀진 내용이 없다. 모든 노래의 공연은 여러 사람이 모인 장소에서 하는 것이니, "판소리는 여러 사람이 모인 곳에서 하는 노래"라는 설명은 하나 마나 한 것으로, '판소리'라는 용어에 대한 적절한 정의라고 말하기는 어렵다.

이처럼 판소리가 언제 어떻게 생겨났는지도 모르고, 어떤 과정을 거쳐서 20세기 초까지 전승되었는지도 알 수 없으며, 또 '판소리'라는 용어의 의미도 제대로 파악하지 못하고 있다. 이것이 국가에서 지원하는 많은 기관이 있고, 판소리를 가르치고 배우는 수많은 선생과 학생이 있으며, 또 상당수의 전문 연구자가 있는 판소리에 대한 우리 이해의 현주소이다. 이렇게 된 가장 큰 이유가 판소리에 대한 연구가 제대로 이루어지지 못한 데에 있다는 것은 말할 필요도 없다.

완창 판소리의 등장

현재 나이가 50대 중반 즈음이라면 아마 고등학교 때 '판소리계 소설'이라는 용어를 배웠을 것이다.『춘향전』,『심청전』,『흥부전』같은 소설은 판소리계 소설이고, 이런 소설은 판소리의 가사를 그대로 옮겨 놓았다는 것이 이 용어에 대한 설명의 핵심 내용이다. 그런데『춘향전』이나『심청전』이 판소리의 노래 가사를 옮겨 놓은 것이라고 가르치기 시작한 시기는 1980년대 중반 이후에 이르러서였다. 즉, 그 이전에는 이렇게 가르치지 않았다.

『춘향전』,『심청전』같은 소설이 판소리 창자가 부르는 노래 내용을 옮겨 놓은 것이라고 말하기 위해서는 이를 증명할 충분한 근거가 있어야 하고, 여기에 대한 정밀한 연구가 이루어졌어야 한다. 그러나 이를 증명할 만한 근거 자료도, 연구도 별로 없다. 30년 넘도록 중고등학교의 교육 현장에서 "『춘향전』이나『심청전』은 판소리의 내용을 그대로 옮겨 놓은 소설"이라고 가르쳐 온 것은 정확한 사실을 바탕으로 한 것이 아니라, 잘못된 연구를 비판과 반성 없이 답습하고 있음을 보여 주는 예의 하나이다.

현재 국립창극단 공연의 주요 레퍼토리 가운데 하나로 '완창 판소리'가 있다. 국립창극단의 공연 소개를 보면 "짧게는 세

시간, 길게는 여덟아홉 시간까지 오로지 고수의 북 장단에 의존해 판소리를 완창(完唱)한다는 것은 소리꾼에게나 그 자리에 함께하는 관객에게나 특별한 도전이다. 1984년부터 지금까지 매달 이런 도전 의식으로 뜨겁게 달아올랐던 무대가 바로 '완창 판소리'이다."라고 했다. 몇 시간에 걸쳐 한 사람의 소리꾼이 계속 노래를 부르는 '완창 판소리'는 판소리 창자들에게는 자신의 역량을 보여 줄 수 있는 중요한 무대이고, 애호가들에게는 긴 시간 동안 판소리를 감상할 수 있는 좋은 기회이다.

완창 형식의 판소리 공연은 1968년 박동진이 처음 시작했다. 1960년대 즈음 판소리가 거의 없어질 위기에 처하자 박동진 명창이 대중의 관심을 불러일으키기 위해 다섯 시간 반 동안 「흥부가」 전체를 불렀다고 한다. 국립창극단의 '완창 판소리'는 대중에게 꽤 알려져 있는 인기 프로그램인데, 이 공연을 관람하는 관객 중에는 애초에 판소리는 이렇게 부르는 것으로 알고 있는 사람도 있을 것이다. 그러나 완창 형식으로 판소리를 부르는 일은 1968년 이전에는 없었던 것이라는 점을 분명히 알아야 한다.

'완창 판소리'와 함께 또 하나 말해 둘 것은 '창극'이다. 창극은 문자 그대로 노래로 하는 연극으로, 서양의 오페라와 마찬가지로 여러 명의 창자가 각기 배역을 맡아서 자신이 맡은 부

1968년 9월 30일, 국립국악원과 유엔군총사령부방송의 공동 주최로 열렸던 박동진의 완창 판소리 공연 장면이다. 벽에 '사상 초유 최장시간 300분 판소리 공개 녹음'이라고 적혀 있다. 국립국악원.

분의 노래를 한다. 창극은 20세기 초에 조선에 처음으로 상설 극장이 만들어지면서 생겼으므로, 20세기 이전에는 이런 양식의 대중예술은 없었다. 그리고 현재 공연하는 창극에서 배역을 맡는 창자들이 대부분 판소리를 전공한 사람들이어서 창극의 노래는 남도소리 창법으로 부르고 있는데, 20세기 초의 창극도 남도소리로 불렸는지는 알 수 없다.

판소리의 발명

우리가 아주 오래된 것으로 알고 있는 것 가운데는 의외로 최근에 만든 것이 많이 있다. 음식이나 기호품 중에서도 원래부터 한국에 있던 것이라고 생각했으나, 사실을 확인해 보니 외국에서 들어왔다는 것을 새삼스레 알게 되는 경우도 많다. 고추와 담배가 임진왜란 이후 17세기부터 조선에 퍼졌다는 사실은 잘 알려져 있지만, 고구마와 감자가 18세기 후반 이후에 들어왔다는 사실은 잘 모르는 사람이 꽤 있을 것이다.

영국의 저명한 역사가 에릭 홉스봄이 1983년에 펴낸 책 *The Invention of Tradition*은 우리가 당연한 것으로 여겨 온 많은 전통이 근래에 새로 만들어 낸 것이고, 이는 근대국민국가를 만들어 가는 과정에서 일어난 일임을 밝힌 책이다. 한국에서는 『만들어진 전통』(휴머니스트, 2004)이라는 제목으로 번역했는데, 원래의 제목인 '전통의 발명'과는 약간 다른 의미이지만, 어떤 면에서는 '만들어진 전통'이라는 표현이 한국의 실정에는 더 맞는 듯하다. 우리가 현재 알고 있는 판소리가 홉스봄이 말하는 '전통의 발명'이라는 개념에 부합하는 것 같다.

지금까지 나온 판소리에 관한 논문이나 저서는 수천 편이나 되는데, 이 많은 연구의 시작은 1940년에 나온 정노식의 『조선 창극사』이다. 이 책은 판소리 창자들 사이에서 구전되던 이야기를 모아 놓은 것으로, 특히 당대 전라도 창자가 중심이다. 야담집과 같은 성격을 띠고 있어서 이 책을 학술 자료로 사용하기 위해서는 책의 내용을 정밀하게 검토해서 사실과 그렇지 않은 것을 잘 가려내야 한다.

몇년 전 한 퓨전밴드가 19세기 가수인 '이날치'를 그룹명으로 쓰면서, 대부분의 한국 사람에게는 생소한 이름이었던 '이날치'가 유명해졌다. 그런데 이날치에 관한 기록은 『조선 창극사』에 들어 있는 몇 가지 전해 오는 이야기가 전부다. 전설 속의 명창 이름을 밴드의 명칭으로 사용해서 새로운 형태의 판소리를 만들어 내는 것은, 그야말로 '전통의 재해석'이라고 할 수 있다. 이처럼 기존의 판소리에 새로운 해석을 가해 창작해 낸 음악에서 판소리의 원형이 무엇인가는 그렇게 중요하지 않을 수 있고, 또 밴드 '이날치'가 20세기 초까지의 판소리 역사를 정리할 의무도 없다.

그러나 판소리의 역사나 정의와 같은 학술적인 문제에서는 '예술적 창조'가 용납될 수 없다. 필자는 우리가 알고 있는 판소리의 역사가 20세기 후반에 만들어진 발명품이라고 생각한다. '판소리의 정의'는, 20세기 초까지 있던 대중음악의 한 양식이 아니라, 20세기 후반에 연구자들이 만들어 낸 허구의 대중예술이다. 아마도 이런 모습이었을 것이라는 추정과 함께, 이런 모습이면 좋겠다는 희망사항까지 덧붙여서 연구자들이 만들어 낸 것이 오늘날의 판소리라고 말할 수 있다.

판소리란 무엇인가

고전소설 연구자로서 필자가 판소리에 대해서 관심을 갖고 있는 이유는 『춘향전』이나 『심청전』 같은 소설이 판소리 가사를 옮겨 놓은 것이라는 잘못을 바로잡기 위해서다. 즉, 이들 소설은 판소리 가사를 옮겨 놓은 것이 아니며, 도리어 판소리 「춘향가」나 「심청가」가 소설의 한 대목을 노래로 부르는 것이다. 「춘향가」나 「심청가」는 소설 『춘향전』이나 『심청전』이 나온 후에 생겨난 노래다. 그러니까, '판소리'는 노래의 가사를 새로 지은 것이 아니라 원래 '판(가사)'이 있는 '소리'라는 의미이다.

판소리 연구자들은 원래 판소리는 열두 가지가 있었는데,

그 가운데 일곱 가지는 없어졌다고 말한다. 그러나 이 역시 아무런 근거가 없는 주장이다. 왜냐하면 1930년대에도『구운몽』,『숙영낭자전』,『옥루몽』같이 잘 알려진 고소설의 한 대목을 노래해서 녹음한 새로운 판소리가 여러 가지 남아 있기 때문이다. 판소리는 당대의 유행가이므로, 기존에 잘 알려진 소설의 내용을 가사로 써서 끊임없이 새 노래를 만들어 내고 있었는데, 서양 음계를 바탕으로 한 완전히 새로운 양식의 노래가 유행하면서 20세기 중반에 이르러 막을 내리게 된다. 그리고 20세기 후반에 들어오면서 전통을 보존하는 사람들과 이 전통을 바탕으로 새로움을 추구하는 사람들에 의해 판소리는 끊임없이 변하면서 계속 나아가고 있다.

"판소리의 역사를 정확하게 아는 것이 무슨 소용이 있는가? 판소리를 잘 부르면 되는 것 아닌가? 판소리 역사를 잘 안다고 해서 판소리가 재미있어지는가?" 등등의 질문이 있을 수 있다. 그렇다면 이런 질문은 어떠한가? "한국의 역사를 정확하게 서술하고, 이를 잘 이해하면 현재의 삶이 나아지는가?"

여기에 대해 이렇게 답할 수 있다. 판소리의 역사는 한국 역사의 한 부분이고, '판소리'가 무엇인가를 제대로 파악해 낼 수 있는 능력도 한국 사회가 갖고 있는 능력의 일부라고.

15

세책

조선에도 도서대여점이 있었을까?

임금이 나라를 통치하는 데 필요한 정보를 그때그때 쉽게 찾아볼 수 있게 정리해 놓은 『만기요람』이라는 책이 있다. 순조 때 편찬한 이 책에는 국가의 재정과 군정에 관한 거의 모든 정보가 들어 있어서, 19세기 초 조선의 군사와 경제 상황을 한눈에 볼 수 있다. 서울의 시장을 정리해 놓은 대목을 보면, 규모가 큰 상점들을 업종별로 나열해 두었다. 그중에는 결혼식이나 장사 지낼 때 필요한 기구들을 빌려주는 세물전(貰物廛), 잔치 때 쓰는 그릇이나 소반을 빌려주는 세기전(貰器廛) 같은 가게가 있다. 이를 통해 조선 후기 서울에서는 물건을 빌려주는 영업이 상당히 성업이었고, 예식에 필요한 가마나 여러 가지 기구, 그리고 잔치에서 쓰는 그릇이나 상 등은 대부분 빌려서 썼음을 알 수 있다.

대여업은 도시가 발달하면 자연스럽게 나타나는 영업으로, 지금 우리 사회에서도 자동차나 중장비같이 큰 것부터 정수기나 복사기같이 작은 것까지 다양한 물건을 빌려주는 렌털 사업이 호황이다.

18세기 중반 서울에서는 소설을 빌려주는 도서대여점이 등장했다. 담보물을 맡기고, 빌려 가는 책의 수량과 빌리는 날짜에 따라 값을 지불하는 방식의 영업이다. 『만기요람』의 시장 대목에는 도서대여점이 나오지 않는데, 작은 규모의 업종은 이 책에 기록하지 않는다고 밝혔으므로 도서대여점은 세물전이나 세기전처럼 큰 업종이 아니었던 것으로 보인다.

이렇게 당대에는 그리 중요한 것이 아니었지만, 조선의 대중문화를 이해하려면 도서대여점을 반드시 알아 둘 필요가 있다. 여기서 빌려주던 소설이 바로 현재 우리가 읽고 있는 소설의 원형이고, 대중의 요구에 의해 생겨난 초기의 대중문화 현상이기도 하다. 또한 18세기 중반에는 유럽이나 일본에서도 도서대여점이 크게 성행했으므로, 다른 나라의 도서대여점과 비교해 보는 것도 흥미로운 일이다.

세책과 세책집

조선시대 도서대여점은 '세책집'이라고 불렸는데 '책을 세놓는 가게'라는 의미이다. 그리고 세책집에서 빌려주는 책은 '세 놓는 책'이라는 의미로 '세책'이라고 했다. 1990년 무렵 필자가 한국에서 세책에 관한 연구를 처음 시작한 이래, 여러 연구자들이 이 주제를 다루어서 현재는 꽤 많은 연구가 이루어졌다. 남아 있는 자료가 많지 않아서 아직 해결되지 않은 문제들이 상당히 있지만, 세책 연구를 통해 조선시대 한글소설이 어떻게 발달했는지 알 수 있게 되었다는 점은 커다란 성과라고 말할 수 있다.

현재까지 세책집에 대한 조선시대 기록으로 알려진 것은 단 두 가지로, 조선 후기의 가장 뛰어난 재상 채제공과 당대 최고의 지식인 이덕무가 쓴 글이다. 두 자료 모두 여성들이 세책집에서 소설을 빌려 읽느라 여성으로서 해야 할 가정사를 소홀히 한다는 점을 지적한 내용이다. 채제공은 소설이 성행하고 있다고 말한 다음, "비녀나 팔찌를 팔거나 혹은 빚을 내서라도 다투어 빌려 가서 그것으로 긴긴 해를 보낸다."고 당대 여성들이 소설에 탐닉한 풍조를 비판적으로 전한다. 이덕무도 "집안일을 내버려 두고 길쌈도 게을리하다가, 돈을 주고 소설을 빌려 보는 것에 정신이 팔려 집안의 재산을 기울이는 사람까지도 있다."며 당대 부녀자들이 한글소설에 빠져 있었던 소식을 알려 준다.

조선시대 지식인들의 한글소설에 대한 인식은 별로 좋지 않았으므로, 두 사람이 한글소설을 비난하고 이를 읽는 부녀자들을 비판적으로 바라본 것은 별로 이상한 일이 아니다. 이런 기록을 남겼다는 것은, 다르게 말하면 그만큼 한글소설과 세책집이 많아지고 여성 독자가 꾸준히 늘어났음을 증명한다.

18세기 중반 이후 채제공과 이덕무가 쓴 글 이외에 조선 사람이 세책집에 대해서 언급한 글은 아직까지 발견되지 않았다. 이처럼 자료가 없으니 혹시 세책집이 없어졌던 것은 아닐까 생각이 들 정도이다. 그러나 조선 말기에 세책집에서 빌려주던 세책이 약간 남아 있고, 19세기 후반 조선을 방문한 외국인들이 세책집을 언급한 기록이 있어서 세책집이 100년 이상 서울에서 계속 영업을 해 왔음을 알 수 있다.

모리스 쿠랑은 1890년부터 약 2년 동안 서울 프랑스 공사관의 서기관으로 근무하면서 한국의 서적을 연구해서 『한국 서지(Bibliographie Coréenne)』라는 저서를 간행했다. 이 책에는 그가 직접 방문했던 세책집에 대한 묘사가 들어 있는데, 솥이나 화로 같은 물건을 담보로 하고 책을 빌린다든가, 서울 이외에는 세책집이 없다는 것 같은 중요한 정보가 들어 있다.

조선시대 세책의 특징 가운데 하나는 붓으로 쓴 필사본이었다는 점인데, 이러한 세책집은 1920년대가 되면 사라지고 인쇄한 책을 빌려주는 신식 도서대여점이 생겨나게 된다. 1990년대에 폭발적으로 늘어났다가 지금은 거의 사라진 현대의 도서대여점은 그 형식이나 내용에서 조선시대 세책집과 아무런 차이가 없다. 요즈음 전자책이나 영화, 드라마를 인터넷을 통해 빌려주는 회원제 서비스도 세책집의 후신이라고 할 수 있다.

세책집의 주요 고객은 여성

한글 고소설이 언제 어떻게 생겨났으며, 어떤 과정을 거쳐 변화해 왔는지는 학계에서도 아직 제대로 밝혀내지 못했다. 작자와 창작 시기를 알 수 있는 한글 고소설이 하나도 없기 때문에 그 역사를 정리하기가 어렵다. 게다가 조선시대 기록을 남길 수 있었던 남성 지식인들은 한글소설에 아무 관심이 없었으므로, 한글소설과 관련된 기록을 찾기도 쉽지 않다. 남겼다 해도 대부분 소설을 폄하하는 내용이며, 여기에 더해 여성들이 이런 소설을 읽는 것을 경계해야 한다는 말도 덧붙였다.

그런데 이와 같은 비판적 글이 한글소설에 관한 중요한 정보를 제공해 준다. 즉, 18세기 중반에 한글소설이 많아졌고, 이 한글소설을 빌려주는 세책집이 생겨났으며, 세책집 고객은 주로 상류층 부녀자였다는 정보이다. 그리고 소설을 빌려 보기 위해서는 많은 돈이 필요했다는 사실도 들어 있다.

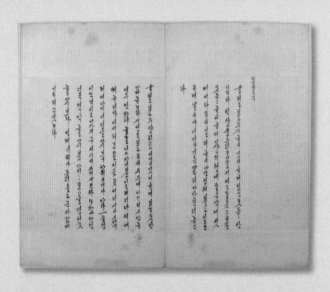

위는 「숙명신한첩」으로, 인선왕후 등이 숙명공주에게 보낸 한글 편지를 묶은 첩이다.
이 편지를 통해 궁중의 여성들이 소설을 즐겨 읽었음을 알 수 있다. 국립청주박물관.
아래는 세책『홍길동전』에 독자들이 남긴 흔적이다. 세책집에서 책을 빌려간
사람들은 이처럼 책에 낙서를 많이 했다. 국립충남대학교 중앙도서관.

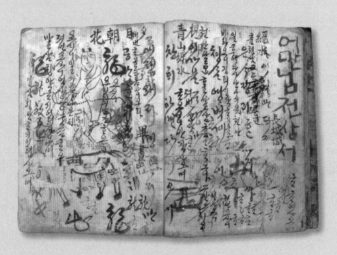

세책집이 나타나기 이전에 쓰인 한글소설에 관한 기록은 대부분 양반 집안의 여성들이 한글소설을 읽었다는 내용이다. 사대부들이 자신의 어머니를 회상하는 글 속에, 어머니가 한글소설을 즐겨 읽었다는 내용이 있다. 또 궁중의 여성들이 한글소설을 읽었다는 자료도 있는데, 효종의 왕비인 인선왕후가 시집간 딸 숙명공주에게 쓴 편지에 『수호전』 등의 중국소설을 번역해 보냈다는 내용이 있다.

궁중의 왕비와 공주에서부터 사대부 집안의 여성까지, 조선시대 상층 여성들은 한글소설의 애독자였다. 한글소설 애호의 풍조는 시간이 지나면서 점차 중하층으로도 확대되어 일반 여성들도 한글소설을 즐기게 된다. 이렇게 한글소설이 대중적으로 널리 읽히게 된 계기가 바로 세책집이었다.

우리가 알고 있는 조선 사회의 모습은 대부분 남성 지식인이 그들의 시각에서 서술한 것들이며, 여성이나 하층민이 자기 생각을 글로 적어서 남긴 자료는 극히 드물다. 그런데 한글소설과 관련된 자료에서는 여성이나 하층 인물들의 목소리를 직접 들을 수 있다. 소설을 베끼던 여성이 책의 말미에 감회를 적어 놓기도 했고, 세책집의 소설을 빌려 읽은 독자가 감상이나 비판을 써 두기도 했다. 이런 자료는 이들의 생생한 목소리를 전한다.

외국의 도서대여점

18세기 중반 서울에 세책집이 등장하자마자 양반 남성들의 비난이 쏟아졌는데, 이는 다른 나라의 도서대여점에서도 흔히 일어났던 일이다. 도서대여점에서 빌려주는 책의 상당수가 소설이었으므로 도서대여점에 대한 비판은 소설 비판으로 이어지고, 주 고객이었던 여성 독자들을 향한 비판과 경고가 빠지지 않는다. 외국의 예를 몇 가지 보기로 한다.

영국의 대표적 시인 새뮤얼 테일러 콜리지는 도서대여점의 책을 빌려 읽는 것은 독서라는 명목으로 시간을 죽이는 일이라고 말했다. 그에게 19세기 초반 영국의 도서대여점은 할 일 없는 사람들이 책을 빌려 보면서 시간을 보내는 장소였던 셈이다. 지식인들의 이와 같은 인식은 문학작품 속에서도 자주 볼 수 있다. 제인 오스틴의 『오만과 편견』을 보면, 작중 인물 콜린스가 도서대여점에서 빌린 소설은 저급한 것이라고 생각하는 대목이 있다. 또 리처드 브린슬린 셰리든은 1775년에 쓴 희곡 「라이벌들」에서 읍내의 도서대여점을 가리켜 "일 년 내내 꽃을 피우는 사악한 지식의 상록수(an evergreen tree of diabolical knowledge; it blossoms through the year)"라고 했다. "사악한 지식의 상록수"라는 표현은 서양에서 도서대여점을 뜻하는 전형적인 구절이 되었다. 귀스타브 플로베르의 『보바리 부인』에도 엠마가 도서대여점에서 소설을 빌려 읽는 것을 말리는 대목이 있는데, 이 역시 당대 사회의 상층부에서 도서대여점을 부정적으로 보고 있었음을 드러낸다.

그러나 서양의 도서대여점은 20세기 초까지 계속 성장하는 사업이었다. 심지어 많은 출판사와 작가들이 도서대여점의 눈치를 보지 않으면 안 될 지경에까지 이르렀다. 19세기 영국의 책값은 너무 비싸서 개인이 소설을 구매하기 어려웠고, 작가들은 도서대여점에서 구입해 주지 않으면 소설을 판매할 길이 없었다. 그러니 작가들로서는 도서대여점의 평판에 신경을 쓰지 않을 수 없었다고 한다.

동양의 도서대여점을 살펴보면 일본에서는 번창한 데 비해, 중국에서는 크게 성행하지 않았던 것으로 보인다. 일본은 도쿄나 오사카 같은 큰 도시뿐만 아니라, 전국적으로 대단히 많은 도서대여점이 있었다. 일본의 도서대여점은 점포를 차려 가게에 찾아오는 손님에게 책을 빌려주는 방식도 있었지만, 대부분은 등에 책을 지고 고객을 찾아다니면서 빌려주는 형식이었다. 19세기 초에 도쿄에는 이런 사람이 약 800명, 오사카에는 약 300명 있었다고 한다. 나고야에서 130년 동안 운영하다 19세기 말에 폐업한 한 도서대여점이 남긴 목록에는 2만 6,000여 권의 장서가 수록되었다고 한다.

일본 에도시대의 저명한 작가 산토 교덴은 『쌍접기』(1813) 서문에서 소설의 유통을 결혼에 비유했는데, 자신이 쓴 작품은 신부이고, 출판사는 고향이며, 독자는 신랑이고, 도서대여점은 중매인이라고 했다. 일본의 결혼은 반드시 중매인을 두게 되어 있으므로, 도서대여점이 없으면 작품이 독자에게 전달될 수 없다는 말이다. 일본의 도서대여점 고객 가운데 여성 독자가 많았음은 물론이다.

몇 가지 외국의 사례에서 볼 수 있듯이, 도서대여점은 독서의 대중화에 커다란 영향을 미쳤다. 특히 소설이 대중예술이 되는 데 결정적인 역할을 했다.

도서대여점으로 본 근대

조선 세책집의 운영은, 책을 베끼는 일부터 대출 등의 업무까지 모두 한 사람이 맡아 보았던 것으로 추정된다. 즉, 개인이 운영하는 소규모 사업이었으며, 서울 이외의 지역에는 없었다. 최남선은 신체시 「해에게서 소년에게」를 지은 것으로 유명하지만, 원래 신문관이라는 출판사를 운영한 출판인이기도 하다. 1910년 무렵 최남선은 현재 서울 을지로 입구에 있던 한 세책집의 목록을 작성한 일이 있다. 세책집의 필사본 소설 가운데 자신의 출판사에서 간행할 만한 책이 있는지 알아보기 위한

찰스 에드워드 무디는 1842년 런던에서 1년에 1기니를 받고 한 번에 한 권씩
소설을 빌려주는 도서대여업을 시작해 크게 성공했다. 책을 들고
무디의 도서대여점 앞을 지나는 여성들을 그린 일러스트레이션. 위키커먼스

것이었다. 이때 그 세책집에서 빌려주던 세책이 총 3,221권이었다고 했는데, 이 정도면 상당히 규모가 큰 세책집이었다.

조선시대 세책집에 관한 기록이 거의 없는 것과 달리, 서양의 도서대여점에 관한 기록은 매우 풍부하다. 19세기 중반에서 20세기 초까지 영국의 도서대여점 시장에서 가장 큰 규모였던 찰스 에드워드 무디의 도서대여점은 출판사와 작가에게 커다란 영향력을 행사했는데, 한창때는 대여용 책이 100만 권이었고, 직원이 250명이었다고 한다.

동서양의 도서대여점은 서로 아무런 영향 없이 독자적으로 발달한 것이었다. 그러나 책을 빌려주고 대여료를 받는다는 면에서는 서양이나 동양이나 차이가 없었다. 이처럼 영업 형태에서는 비슷했지만 내용에서는 커다란 차이가 있었는데, 바로 어떤 방식으로 제작한 책을 빌려주었는가 하는 점이다.

18세기부터 동양과 서양의 차이가 크게 벌어진 원인의 하나로 인쇄술을 드는 것은 이제 상식이다. 르네상스부터 산업혁명에 이르기까지, 서양의 온갖 변혁의 바탕에는 인쇄술의 발명이 있었다. 서양의 도서대여점에서 빌려주던 책은 활자로 인쇄한 책이었고, 조선의 세책집에서 빌려주던 책은 필사본이었으며, 일본은 목판으로 인쇄한 책이었다. 조신과 중국 그리고 일본의 인쇄는 나무판에 글자를 새겨서 여기에 먹물을 묻혀 종이에 찍어 내는 아주 단순한 작업의 목판인쇄였고, 서양은 활자를 이용한 기계식 활판인쇄였다. 목판인쇄는 책을 제작하는 데 시간과 경비가 많이 들고 인쇄 속도가 활판인쇄에 비해 느리다. 19세기 말이 되면, 동양에서 전통적인 목판인쇄는 사라지고 서양에서 도입한 활판인쇄 기술로 서적을 찍게 된다.

영국에서 대형 도서대여점이 나올 수 있었던 중요한 요인은 출판하는 책의 종류가 많았다는 점이다. 1750년에 100종, 1825년에는 600종, 19세기 말에는 6,000종의 책이 영국에서 출판되었다. 독자의 요구에 맞춰서 그때그때 많은 책이 간행될 수 있었던 것은, 15세기 구텐베르크가 발명한 금속활자를 이용한 인쇄 덕분이다.

금속활자는 서양보다 고려에서 먼저 발명되었지만, 고려의 것은 지식과 오락의 확산에 별다른 영향을 끼치지 못했다. 반면에 서양에서는 금속활자의 발명이 곧바로 거대한 문화혁명으로 연결되고, 마침내 서구 문명이 세계의 표준이 되는 결과를 만들어 냈다.

16

방각본

김정호가 1인 출판사 사장이었다고?

김정호의 『대동여지도』는 한국인이라면 모르는 사람이 없을 정도로 유명한 지도인데, 김정호의 직업이 무엇이었고 그가 왜 『대동여지도』를 만들었는지에 대해서는 잘 알려진 것이 없었다. 근래에 필자는 『대동여지도』가 방각본이고, 김정호는 방각본 제작자라는 논문을 발표한 일이 있다. 조선시대 서적에 대해서 관심이 있는 사람이라면 방각본이 무엇인지 따로 설명할 필요가 없는데, 그렇지 않은 사람들에게는 '방각본'이라는 용어 자체가 낯선 것일 수도 있다. 실제로 『대동여지도』는 잘 알지만 '방각본'이 무엇인지 몰라서 『대동여지도』가 방각본이라는 필자의 말을 잘 이해하지 못하는 경우도 있는 것 같다.

　국립국어원의 표준국어대사전에는 방각본(坊刻本)을 "조선 후기에, 민간의 출판업자가 출판한 책. 주로 목판으로 만든다.”라고 설명했다. 그리고 '방각본소설'이라는 항목도 있는데, “필사본으로 전하여 오던 것을 영리를 목적으로 판각(版刻)하여 출판한 고전소설. 판각한 지역에 따라 경판본, 완판본, 안성판본으로 나누어지며, 1846년 무렵부터 출판되어 현재 57종의 작품이 전한다.”라고 했다. 표준국어대사전의 낱말 풀이는 대체로 무난하지만, 위의 뜻풀이에 들어 있는 단어인 목판(木版)은 무엇이고, 또 판각(版刻)이란 무슨 의미인지, 그리고 경판본이나 완판본은 무슨 뜻인지에 대해서는 좀 더 자세한 설명이 필요할 것 같다.

방각본이란 무엇인가

조선시대의 책은 누가 만들었는가에 따라 우선 두 가지로 분류할 수 있다. 하나는 관청에서 간행한 것이고, 다른 하나는 민간에서 출판한 것이다. 민간의 출판물은 영리를 목적으로 하는 것인가 아닌가에 따라 다시 둘로 나뉜다. 출판 주체와 목적에 따라 조선시대 서적을 분류하면, 첫째 관청에서 간행한 책, 둘째 민간에서 간행한 비영리 서적, 셋째 영리를 목적으로 민간에서 간행한 책 등 세 가지가 된다.

첫 번째의 관청에서 간행한 책을 관판본(官版本) 또는 관각본이라고 하고, 두 번째의 민간에서 간행한 비영리 서적을 사판본(私版本) 또는 사각본이라고 하며, 세 번째 영리를 목적으로 민간에서 간행한 책을 방각본(坊刻本)이라고 한다. 현대에 들어와서 우리가 보는 책은 대부분 돈을 주고 사서 보는 것이므로, 방각본은 지금의 책과 거의 같은 개념이라고 할 수 있다. 다만 책의 생김새가 다를 뿐이다. 그런데 방각본이 무엇인가 알아보기 위해서는, 먼저 관청에서 간행한 관판본과 민간에서 간행한 비영리 목적의 책인 사판본에 대해서도 알아 둘 필요가 있다. 관판본이나 사판본과의 차이점을 통해 방각본의 특징을 파악할 수 있기 때문이다.

관판본은 국가 기관에서 간행하는 것으로, 서울의 중앙 부서뿐만 아니라 전국 각 지방의 관청에서도 간행했다. 18세기까지는 필요한 책을 대부분 관청에서 간행한 것으로 충당했으므로, 조선시대 출판은 국가가 담당했다고 해도 과언이 아니다. 민간에서 사적으로 간행하는 서적으로는 문중에서 간행하는 족보나 문집, 사찰에서 간행하는 불경 같은 것이 있다. 이런 책은 문중이나 사찰처럼 특정한 집단에서 제작해서 그들 사이에서 보는 책이다.

관판본과 사판본은 판매용 책이 아니다. 관청에서 간행한 책은 필요한 사람들에게 무료로 나누어 주었고, 문중이나 사찰에서는 돈을 모아 책을 간행해서 그 공동체의 구성원들에게 나누어 주었다. 이에 비해 방각본 제작자는 판매할 목적으로 책을 만들었고, 또 방각본을 원하는 사람은 당연히 돈을 주고 사야 한다는 사실을 잘 알고 있었다. 방각본의 가장 큰 특징은 상품이라는 점이다.

조선시대에 방각본이 언제부터 나오기 시작했는가에 대해서는 학자마다 다른 의견을 보인다. 16세기에 나왔다고도 하고 또는 18세기라고도 하는데, 필자는 1800년 무렵이라고 생각하고 있다. 16세기나 18세기에 방각본이 있었다고 주장하는 연구자들의 견해를 잘못이라고 말할 수는 없다. 그러나 필자가 조선의 방각본 시작을 1800년 무렵이라고 보고, 또 진정한 방각본 시대는 19세기라고 말하는 것은, 이 시기에 비로소 다양한 방각본이 여러 지역에서 나타나기 때문이다. 제비 한 마리가 왔다고 봄이 온 것이 아닌 것처럼, 방각본일 가능성이 있는 책이 하나 나타났다고 해서 바로 방각본의 시대가 시작되는 것은 아니다.

18세기 중반 서울에 도서대여점(세책집)이 출현한 것은 상업 출판이 발달했음을 보여 준다. 또 그 시기에 나무로 활자를 만들어서(목활자) 족보나 문집을 제작해 주는 사람들도 있었는데, 이들의 직업도 출판이라고 할 수 있다. 그러나 서울의 세책집에서 빌려주던 책은 모두 손으로 베껴 쓴 필사본이었고, 주문을 받아 목활자로 족보나 문집을 제작하는 것은 책이라는 상품을 대중에게 판매하는 일과는 거리가 멀다.

상업 출판이란 불특정 다수에게 판매를 목적으로 책을 제작하는 것이다. 이렇게 제작한 제품을 출판물이라 하고, 출판물을 제작하는 사람을 출판인, 그 회사를 출판사라고 한다. 이렇게 볼 때, 조선시대 방각본은 상업 출판물이고, 방각본 제작자는 출판인이다. 그런데 조선의 방각본 제작자는 책 만드는 전 과정을 대체로 혼자 맡아서 진행했으므로, 방각본 출판사는 '1인 출판사'라고 해도 좋을 것이다.

방각본 출판인, 김정호

『대동여지도』는 현재 보물로 지정된 문화재인데, 이 지도를 인쇄한 목판도 보물로 지정되어 있다. 김정호와 『대동여지도』를 잘 알기 위해서는 19세기 조선의 방각본에 대한 약간의 지식이 필요하다. 왜냐하면 『대동여지도』는 방각본이고, 김정호는 방각본을 제작한 출판인 가운데 이름이 알려진 유일한 인물이기 때문이다.

김정호가 지도 제작자라는 사실은 잘 알려져 있다. 그가 만든 지도는 여러 가지가 남아 있는데, 『대동여지도』뿐만 아니라 보물로 지정된 『청구도』 역시 그가 그린 것이고, 『동여도』
나 『수선전도』도 김정호의 작품으로 추정하고 있다. 그러나 김
정호에 대한 정보는 극히 적어서 언제 어디서 태어났으며, 무
슨 일을 했는지 정확하게 알려진 것이 없다. 그에 대한 가장 자
세한 기록은 유재건이 쓴 『이향견문록』에 나온다.

김정호는 호를 고산자라고 한다. 본래 재주가 많은데, 지리학을
특별히 좋아하여 널리 상세하게 검토하고 수집하였다. 일찍이 『지
구도』를 만들었고, 또 『대동여지도』를 제작했다. 능숙하게 그려 내
고 능란하게 새긴 것을 인쇄하여 세상에 내어놓았는데, 상세하고
정밀한 것이 고금에 비할 바가 없다. 나도 하나를 얻었는데, 진실로
보배가 될 만하다. 또 『동국여지고』 열 권을 편집하였는데, 탈고하
지 못하고 죽었으니 매우 아깝다.

이것이 김정호에 대해 기술한 내용의 전부이다. 지금은 전
국민이 다 아는 김정호이지만, 역사적 기록은 이 정도가 다라
고 해도 과언이 아니다. 『이향견문록』은 신분이 미천한 사람
중에 한 분야에서 두각을 나타낸 사람을 소개한 책이므로, 김
정호는 양반 신분이 아니었음을 알 수 있다. 방각본을 제작하
여 판매한 사람들은 김정호처럼 중인 이하의 신분이었다. 19세

기 방각본 출판인 가운데 김정호를 제외하고는 이름이 알려진 사람이 없다는 사실은, 지체가 높은 사람은 출판업을 하지 않았음을 잘 보여 준다.

책을 출판하려면 우선 원고가 있어야 하는데, 방각본을 간행하기 위해서도 마찬가지이다. 김정호는 이 원고를 직접 만들었지만, 19세기 방각본 출판인들 가운데 김정호처럼 직접 원고를 쓸 수 있는 사람은 많지 않았을 것이다. 당시에는 저작권의 개념이 없었으므로 남의 책을 베껴서 그대로 인쇄하기도 했다.

방각본을 만드는 순서는 이렇다. 먼저 원고가 준비되면 이 원고를 깨끗하게 쓴 다음, 종이를 거꾸로 나무판에 붙이고 그대로 새겨서 목판을 만든다. 그리고 먹을 갈아 인쇄에 쓸 먹물과 종이를 준비해서, 목판에 먹물을 바르고 여기에 종이를 붙여서 찍어 낸다. 요즘 스탬프나 도장을 찍는 것과 비슷하다고 할 수 있다. 이렇게 한 장 한 장 찍어 낸 다음 이를 묶어서 한 권의 책을 만든다.

유재건은 김정호가 "능숙하게 그려 내고 능란하게 새긴 것을 인쇄"했다고 말했는데, 이를 통해 김정호는 목판을 새기는 일과 목판에 새길 밑그림을 그리는 일까지 모두 잘했다는 것을 알 수 있다. 게다가 완성된 목판을 찍는 일까지 맡아서 했으

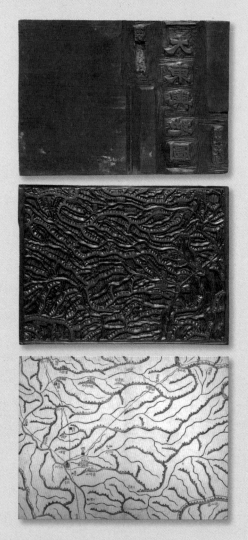

『대동여지도』는 가로 43cm, 세로 32cm 내외의 목판으로 제작했다.
김정호는 원고를 만들고, 목판에 새겨 인쇄하는 일까지 직접 했던 방각본 출판인이다.
위의 두 장은 목판이고, 아래 한 장은 인쇄본이다. 국립중앙박물관.

므로, 지금으로 치면 인쇄까지 해낸 것이다. 19세기 조선의 방각본 출판인들은 대체로 나무판에 글자나 그림을 새기는 일을 하는 각수(刻手)를 겸했던 것으로 보인다. 그리고 그들은 자신이 만든 책을 판매하는 일까지도 맡아서 했다.

방각본의 탄생과 그 의미

조선시대에 책을 읽고 공부하는 목적은 단 한 가지로, 과거 시험을 치르기 위한 것이었다. 과거 시험의 답안은 한문으로 작성해야 하므로, 과거를 준비하는 데 필요한 책은 모두 한문으로 된 것이었다. 과거 공부를 위해서는 꽤 많은 책을 읽어야 했는데, 19세기 말 과거제도가 폐지될 무렵까지 조선에는 상설 서점이 없었다. 그렇다면 과거를 준비한 수많은 수험생들은 그 많은 책을 어디서 구했을까?

정조 24년(1800) 3월 21일에 실시된 과거의 응시생 수는 문과 시험에 111,838명, 무과 시험에 35,891명, 합치면 약 15만 명 정도였다. 문과는 말할 것도 없고, 무과 시험에도 무예만이 아니라 책을 읽고 대답하는 시험이 있었으므로 무과 응시생도 책을 읽어야 했다. 이날의 응시생을 놓고 어림잡아 계산해 보면 만약 한 사람이 열 권씩 책을 가지고 있었다면 150만 권, 한 사람이 백 권씩 가지고 있었다면 1,500만 권이 된다.

이는 순전히 수험생들이 가지고 있는 책만을 계산한 것이다. 이미 관직에 있거나 과거에 응시하지 않은 사람이 갖고 있던 책까지 더한다면 그 숫자는 훨씬 더 많아진다. 그렇다면 서점도 없었던 조선시대에 이렇게 많은 책을 어디서 어떻게 구했으며, 누가 공급했을까 하는 의문이 들 수밖에 없다. 그런데 그 의문은 간단히 풀린다. 18세기까지 조선의 책은 대부분 관청에서 간행한 관판본이었다.

조선시대에 서울의 중앙 관서나 지방의 각 고을에서는 책을 찍어 내기 위해 많은 목판을 제작해서 보관했다. 그리고 각 지방의 서원에서도 목판을 소장하고 있었다. 어떤 사람이 관청에서 보관하고 있는 목판으로 책을 인쇄해서 갖고 싶다면 종이 값 등 제작 경비를 지불한 뒤에 관청에서 찍어 준 책을 받을 수 있었다. 물론 관청의 허락을 받을 수 있을 정도의 신분을 가진 사람이어야 가능한 이야기이다. 18세기 말까지는 관판본만으로도 조선 국내의 책 수요를 감당할 수 있었다.

19세기에 들어서면서 방각본이 생겨나게 된 것은 관판본 위주의 책 공급 시스템이 한계에 다다랐기 때문으로 보인다. 필요한 책의 목판이 관청에 없다거나, 또는 목판이 낡아서 좋은 품질의 책을 찍어 낼 수 없게 되었을 가능성도 있지만, 그것보다는 관청에서 요구하는 신분을 갖추지 못한 사람 중에도 책을 가지고 싶어 하는 사람이 많아졌을 가능성도 크다. 아무튼 책에 대한 요구가 과거와 달라진 것만은 분명하다.

조선시대 관판본을 중심으로 한 서적 공급에 문제가 생기면서, 시장의 원리에 따라 수요와 공급이 이루어지는 방각본이 등장한다. 그런데 방각본은 기존의 한문으로 된 책만이 아니라 한글로 된 책으로도 나왔다. 한글이 창제된 이래, 순전히 한글로만 쓴 책을 간행한 일은 거의 없었다. 유교나 불교 경전을 한글로 번역한 것이라든가 중국의 시를 번역한 책을 간행한 일은 있었지만, 조선 사람이 한글로 쓴 소설이나 노래를 책으로 낸 일은 없었다. 한글방각본은 새로운 시대의 요구에 부응한 새로운 출판물이었다.

관판본이 위에서 아래로 필요한 지식을 공급하기 위한 것이었다면, 방각본은 사람들의 요구를 파악한 출판인들이 그에 맞는 상품을 만들어서 판매하기 위해 제작한 것이다. 그러므로 방각본은 조선 사회의 변화를 보여 주는 하나의 지표이고, 그때까지 드러나지 않았던 대중의 지식과 오락에 대한 요구가 무엇인지를 아울러 보여 준다.

방각본 베스트셀러

관판본은 상층의 남성 지식인을 위한 것이었으며, 여성과 중하층의 남성을 위한 관판본은 거의 간행되지 않았다. 이러한 관판본 간행의 기본 방향은 19세기 말까지 별다른 변화 없이 계속되었는데, 조선왕조 지배층의 사고방식이 건국 초기 이래 크게 바뀌지 않았음을 엿볼 수 있다. 그러나 18세기 중반 서울에 도서대여점이 나타났을 때 조선 사회는 이미 변화하고 있었고, 또 1800년 무렵 방각본이 간행될 때쯤에는 이전과는 상당히 달라진 사회가 되었다고 보아야 한다. 방각본의 출현은 중하층과 여성이 독서 계층에 편입되기 시작했다는 것을 의미하는데, 이것은 소수의 사대부가 지식과 교양을 독점하던 시대가 끝나 가고 있음을 보여 준다. 특히 한글방각본의 출현은 중요한 의미가 있다.

한글방각본은 거의 모두가 소설이므로, 지금도 잘 알려진 작품이 많다. 『춘향전』, 『구운몽』, 『심청전』 등의 작품은 19세기에도 가장 많이 팔린 작품이고, 현재까지도 고전소설의 대표적 작품으로 알려져 있다. 또 『남훈태평가』처럼 당대의 유행가를 모아 놓은 책도 있었는데, 이후에 나오는 많은 유행가 가사집의 선구적인 책이다. 집에서 쉽게 점을 칠 수 있게 만든 『직성행년편람』이라든가, 편지 쓸 때 참고할 수 있도록 편지 예문들을 실어 놓은 『언간독』 등도 베스트셀러 가운데 하나였다.

방각본은 서울·전주·안성·대구 등지에서 나왔는데, 한글소설은 대구를 제외한 세 곳에서 나왔다. 이를 각각 경판본·완판본·안성판본이라고 부른다. 한글방각본 가운데는 『춘향전』처럼 지금도 잘 알려진 책이 많은 데 비해, 한문방각본은 거의 잊혔다고 보아도 좋을 것 같다. 편지 쓰는 예문을 모아 놓은 『간독정요』, 중국의 역사적 인물을 주제별로 분류해서 실어 놓은 『사요취선』, 한시를 지을 때 대구(對句)를 쉽게 찾을 수 있게 편찬한 『문자류집』 등은 19세기에 엄청난 양이 간행되어 팔렸는데, 이제는 전문가나 알고 있는 책이 되었다.

한문방각본의 베스트셀러인 『간독정요』는 19세기 중반에 처음 간행된 이래, 여러 군데 방각업소에서 같은 제목을 달고 다양한 판본이 나왔고, 또 『간독회수』나 『간례휘찬』처럼 거의 같은 내용을 제목만 다르게 붙여서 나온 경우도 여럿 있다. 이 책은 20세기 초에 새로운 편지 쓰는 법에 관한 책이 나오기 전까지 약 60~70년 동안, 적어도 수만 권 내지는 수십만 권 이상 팔린 것으로 추정된다.

한국의 출판에 관해서 이야기할 때 자주 언급되는 책은 세계에서 가장 오래된 금속활자본 『직지』나 박지원의 『열하일기』 같은 책이다. 그러나 이런 책이 당대에 어떤 위치에 있었는가 살펴보면, 두 책은 지식을 대중적으로 확산시키는 데 거의 아무 역할을 하지 못했음을 알 수 있다. 조선시대에 불교는 심

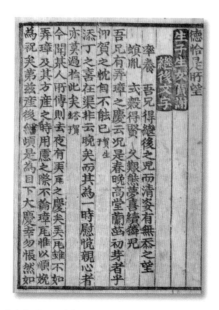

『간독정요』는 방각본 베스트셀러 중의 하나로, 편지 쓰는 법에서부터 편지 쓸 때 필요한 여러 가지 정보를 담았다. 위는 자녀를 낳은 사람에게 축하 편지 쓰는 법을 설명하는 부분인데, 아들인지 딸인지에 따라 내용을 구분하고 있다.

한 억압을 당했으므로 불교 서적은 불교계 인사들 외에는 관심도 없었고 보지도 않았다. 그리고 『열하일기』는 소수의 지식인 사이에 필사본으로만 전해졌던 책이다. 대중의 지식을 늘리고 출판을 활성화시킨 면에서 본다면 『간독정요』가 『직지』나 『열하일기』보다 훨씬 큰 역할을 했다.

　방각본은 중하층의 남성과 여성이 주된 소비자였고, 비로소 책이 지식인의 전유물이 아닌 일반 민중의 소유가 되는 길을 열었다는 점에서 의미가 있다. 대중의 교양과 지식을 넓히는 데 커다란 역할을 했을 뿐만 아니라, 아울러 오락물로서의 기능도 가지고 있었던 방각본은 조선 후기의 중요한 문화유산이다.

17

점

조선 사람들은 어떻게 미래를 예측했을까?

과거에는 음력으로 정초가 되면 그 해의 운수를 점쳐 보는 신수점을 보는 사람이 많았다. 무당이나 만신같이 점치는 일을 직업으로 삼는 사람을 찾아가기도 하지만, 점치는 도구와 점괘를 풀이해 놓은 점책을 가지고 스스로 점쳐 보는 이들도 많았다. 이렇게 새로운 한 해에 자신에게 닥칠 운명을 알아보기 위한 신수점에 많이 쓰이는 점책이 바로『토정비결』이다.

전문 연구자들은『토정비결』이 나온 시기를 19세기 말에서 20세기 초라고 이야기하고 있으므로, 이 책이 토정 이지함(1517~1578)과는 아무 관련이 없다는 사실은 분명하다. 그러나 1900년을 전후한 시기에『토정비결』이 어떤 경로를 통해 왜 나왔는지는 여전히 명확히 밝혀지지 않았다. 이 글에서는 조선 후기에 유행한 점치는 책『만보오길방』을 소개하고, 이 책에 들어

있는 내용들이 『토정비결』로 이어진다는 이야기를 해 보기로
한다.

한글로 된 점책, 『만보오길방』

미래를 알고 싶어 하는 인간의 욕망은 너무나도 원초적인
것이어서, 이 욕망을 꺾을 수 있는 것은 아무것도 없다고 해도
과언이 아니다. 점성술이나 사주 같은 점술은 이러한 인간의
욕망을 충족시켜 주는 대표적인 예다. 또 수집한 정보를 바탕
으로 부동산 가격이나 주가의 상승과 하락을 예측하는 각종
언론과 인터넷 사이트도 이와 비슷한 것이라고 말할 수 있다.
지금은 미신이라고 외면하는 것 가운데 과거에는 과학적이라
고 여긴 것도 많다. 점치는 일도 그중 하나이다.

일찍이 15세기에 세종대왕은 우리말을 표기할 수 있는 훈민
정음을 창제했으나, 조선에서는 이 문자를 공식적으로 쓰지
않았다. 그러므로 관리를 선발하기 위한 과거 시험에서도 한
문으로 답안을 썼고, 지방에서 중앙에 보고하는 문서도 한문
이었으며, 하루하루 조정에서 일어나는 일을 기록한 『조선왕
조실록』도 물론 한문으로 기록했다. 지식인 남성은 한자로 된
책을 읽었으나, 한자를 모르는 여성이나 하층 남성들은 읽을
책이 없었다.

이런 상황은 18세기까지 계속되다가, 19세기에 들어서면서 서울과 전주에서 여성과 서민을 대상으로 하는 한글로 쓰인 책이 나타난다. 그런데 이런 책은 정부에서 간행한 것이 아니라 민간에서 상업적으로 제작한 방각본이었다. 지금의 출판인이라고 할 수 있는 조선의 방각본 제작자들은, 한문으로 된 책만이 아니라 한글로 된 책도 간행했다. 이들이 만든 한글로 된 책 대부분은 소설이었지만, 『만보오길방』처럼 점치는 데 필요한 책도 있었다.

점치는 데 필요한 책을 점서(占書)라고 하는데, 19세기 이전까지 점서의 대부분은 중국에서 들여온 것이거나, 중국 책을 조선에서 다시 간행한 것이었다. 즉, 한문으로 된 것뿐이어서 한문을 모르는 사람은 점을 칠 수 없었고, 유식한 사람만이 할 수 있었다. 조선시대에는 관상감에서 주관하는 잡과 시험에 '명과학(命課學)'이 있어서, 천문학이나 지리학과 마찬가지로 하나의 전문적인 직종을 이루고 있었다. 조선의 관청에는 점치는 일을 맡는 부서가 따로 있었던 것이다.

그러다가 한글로 된 책이 나오면서 서민들도 쉽게 점을 칠 수 있게 되었다. 한글로 된 점치는 책의 원천은 중국의 점서이지만, 한글로 정착되는 과정에서 이런저런 내용이 바뀌면서 조선식 점책의 모양을 갖추어 갔다. 『만보오길방』은 바로 이런 배경을 갖고 태어난 책이다.

『만보오길방(萬寶五吉方)』은 '보배스러운 다섯 가지 점치는 방법'이라는 의미로, 여기서 말하는 다섯 가지 점치는 방법은 직성법·행년법·오행점·윷점·30일병점 등이다. 직성법은 사람의 나이에 따라 그 운명을 맡고 있는 아홉 개의 별에 관한 것이고, 행년법은 그 해의 나이에 따라 운명을 관장하는 보살과 귀신에 관한 내용이다. 나이에 따라 어떤 직성이 해당되는지, 또 어떤 보살과 신장을 모셔야 하는지가 책에 나와 있다. 오행점이나 윷점은 윷이나 동전을 던져서 나오는 괘에 따라 한 해의 운수를 알아보는 것이다. 그리고 30일병점은 귀신이 붙어서 생기는 병에 대처하는 방법에 관한 것이다. 그런데 이 다섯 가지 중 『토정비결』과 관계가 있는 것은 '윷점'과 '오행점'이다. 이 두 가지를 좀더 알아보겠다.

윷점

윷점은 윷놀이에 쓰는 도구인 윷을 이용해서 치는 점이다. 윷놀이는 따로 설명할 필요가 없겠지만 윷으로 점을 치는 일은 현대인에게는 생소한 일이니 약간 설명을 덧붙이기로 한다.

윷은 약간 굵은 나뭇가지만 있으면 쉽게 만들 수 있으므로, 점괘를 해석할 수 있는 책이 있으면 언제 어디서라도 윷점을 칠 수 있다. 윷을 던져서 나오는 도, 개, 걸, 윷, 모에 각각 1에서 4까지 숫자를 대입시키는데, 도는 1, 개는 2, 걸은 3, 윷과 모는 4로 본다. 그리고 윷을 세 번 던져서 매번 나오는 숫자를 나열하여 하나의 괘를 만든다.

1, 2, 3, 4의 네 숫자를 셋씩 묶는 조합은 64이므로, 윷을 세 번 던져서 매번 나오는 숫자를 순서대로 나열하는 경우의 수는 64가 된다. 그러므로 윷점의 전체 점괘는 64개이다. 첫 번째 괘는 도, 도, 도로 숫자로 치면 1·1·1이 되고, 마지막 괘는 윷이나 모가 연속으로 나오는 4·4·4이다. 이렇게 윷을 세 번 던져서 나오는 괘의 해석을 점책에서 찾아보면 한 해의 신수를 알 수 있게 된다.

『만보오길방』에 나와 있는 윷점의 해석 몇 가지를 보면 다음과 같다.

도도걸(1·1·3) : 밤에 등잔을 얻다. 의식이 풍족하고 소원성취하리라.

걸걸도(3·3·1) : 고기가 변하여 용이 되다. 과거하고 벼슬할 수라.

윷개윷(4·2·4) : 사람이 집이 없다. 의식이 부족하여 떠돌아다닐 수라.

윷윷걸(4·2·3) : 홀아비가 장가들다. 영화를 볼 수니, 불공 축
원하라.

   그런데 정조의 총애를 받았던 유득공이 쓴『경도잡지』에도
이 윷점의 해석이 실려 있는 것으로 보아, 윷점은 19세기에 처
음 시작된 것이 아니라 그 이전부터 있었던 민속임을 알 수 있
다.『경도잡지』는 한문으로 쓴 책이므로, 이 책에는 윷점의 풀
이가 한자 네 자로 되어 있다. 앞의『만보오길방』에서 예로 든
괘를『경도잡지』에서는 다음과 같이 해석했다.

   도도걸 : 혼야득촉(昏夜得燭, 어두운 밤에 촛불을 얻다.)
   걸걸도 : 어변성룡(魚變成龍, 물고기가 변하여 용이 된다.)
   윷개윷 : 각궁무현(角弓無弦, 좋은 활에 활시위가 없다.)
   윷윷걸 : 비조우인(飛鳥遇人, 나는 새가 사람을 만나다.)

   『경도잡지』는『만보오길방』보다 50년 정도 앞서는 책인데,
두 책의 풀이는 같은 것도 있고 다른 것도 있다. 예로 든 네 가
지 중에 어두운 밤에 촛불을 얻는 괘와 물고기가 변하여 용이
되는 괘는 둘 다 좋은 괘이고, 두 책의 내용이 같다. 그리고 사
람이 집이 없어서 떠돌아다니는 괘와 좋은 활에 활줄이 없다

는 패처럼, 표현은 다르지만 좋지 않은 패라는 면에서는 같은 것도 있다. 그러나 홀아비가 장가를 드는 것은 좋은 패인데, 새가 사람을 만나는 것은 좋은 패는 아닌 것 같다. 이와 같이 시간이 지나면서 패의 해석이 달라진 것도 있다.

윷으로 점을 치는 풍속이 언제부터 있었던 것인지는 확실히 알 수 없으나, 한글로 된 점치는 책에 그 점패의 풀이가 실리면서 크게 퍼진 것임은 분명하다.

오행점

우주의 만물을 이루는 요소에 대해서는 여러 가지 설이 있다. 그리스에서는 모든 물질은 물, 불, 공기, 흙의 네 가지 원소로 이루어졌다고 생각했고, 과거 동양에서는 금(金), 목(木), 수(水), 화(火), 토(土)의 다섯 가지가 우주 삼라만상을 이루는 원소라고 여겼다. 이 다섯 가지를 오행(五行)이라고 한다. 오행점은 이 오행의 원리를 바탕으로 치는 점이다.

오행점을 치기 위해서는 윷점과 마찬가지로 오행점의 점패를 풀이해 놓은 책이 있어야 한다. 그리고 점치는 도구로는, 동전 다섯 개나 동전처럼 납작한 크기의 나뭇조각 다섯 개에 오행의 각 글자를 한 자씩 쓴 것이 있으면 된다. 다섯 개의 동전을 한꺼번에 던진 후에 나오는 글자로 패를 만든 다음, 그 패를 점책에서 찾아 맞춰 보면 된다. 다섯 개의 글자가 모두 나오는 경우부터 한 글자도 나오지 않는 경우까지 32개의 괘가 있다. 앞에서 윷점은 4의 3승이므로 64괘가 되는 것이고, 오행점은 2의 5승이므로 32괘가 된다. 『만보오길방』에서 오행점의 괘를 풀이한 예를 하나 보기로 한다.

다섯 개의 동전을 던졌는데 수(水) 자 하나만 나오는 경우는 "여울에 배를 띄웠다가 보배 구슬을 얻도다. 마땅히 크게 쓸 것이니, 재앙이 흩어지고 복록이 오도다."라고 한 다음에, 다시 풀이를 더해서 "북방에 물이 왕성하니 복록과 경사가 많고, 길이 재앙이 없으리라."라고 했다. 이 괘는 상당히 좋은 괘이다.

윷놀이는 우리나라의 독특한 놀이로 중국이나 일본에서는 볼 수 없지만, 오행은 중국에서 나온 세계에 대한 인식으로 주변의 여러 나라에서 공통적으로 받아들인 것이다. 그런 이유에서인지 윷점은 한국에서 독자적으로 만든 것으로 보이는 데 비해, 오행점은 중국에서 전해진 점술이다. 중국의 『관세음보살감응영과(觀世音菩薩感應靈課)』라는 점서가 조선시대에 전해져서 『관음영과(觀音靈課)』라는 제목으로 간행된 바 있다.

『관음영과』는 제목에서 알 수 있듯이, 관세음보살의 영험함을 빌려서 치는 점이다. 다섯 개의 동전에 오행의 한 자씩을 붙인 다음, 이를 공중에 던져서 떨어진 동전에 표시된 글자를 모아 괘를 만든다. 그리고 이 괘의 해석을 점책에서 찾아보면 된다. 이 점의 명칭은 '관음점'으로 사찰에서 행해지던 것이고, 『관음영과』역시 사찰에서 간행되었다. 관세음보살은 다양한 모습으로 변신하는데, 특히 32가지 모습으로 나타나므로 32괘가 되었다고 한다. 관음점의 방식을 그대로 빌려와서 민간에서 치는 점이 바로 오행점이다.

오행점과 관음점은 점치는 방식이나 괘의 기본 해석은 같은데, 관음점의 해석이 훨씬 더 자세하다. 앞에서 본 오행점의 수(水) 자가 나오는 괘의 해석을 『관음영과』에서 보면, 먼저 다음과 같은 한시 한 수가 있다.

선범강호내(船泛江湖內, 강호에 배를 띄웠다가)

탄변획보다(灘邊獲寶多, 여울 가에서 보물을 많이 얻었네.)

갱의장대용(更宜將大用, 장차 마땅히 크게 쓰이리니.)

재산복여하(災散福如何, 재앙이 흩어지니 복은 어떤가.)

이 시 다음에 한시 한 수가 더 있고, 거기에 더해서 재물, 혼인, 장사, 여행, 질병 등 여러 가지 사항의 길흉에 대한 내용이 들어 있다. 『관음영과』의 한시 내용이 오행점의 점괘 풀이와 같은 것으로 보아, 오행점은 『관음영과』의 한시를 번역해서 실

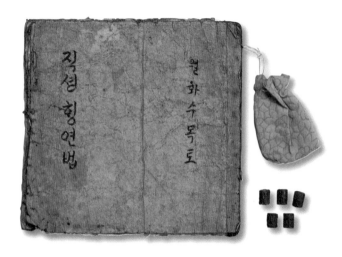

점을 치기 위해서는 점치는 도구와 점괘를 풀이한 책이 필요한데,
쉽게 점을 칠 수 있도록 책과 도구를 한데 묶어 놓은 경우가 많다. 점치는 도구인
나무 조각 다섯 개를 넣는 주머니를 책에 묶어놓았다. 국립한글박물관.

은 것임을 알 수 있다.

위의 사진은 국립한글박물관에서 소장하고 있는 오행점을 치기 위한 도구와 점괘를 풀이한 책이다. 나무 조각 다섯 개에는 각각 '목, 화, 토, 금, 수'를 써 놓았다고 설명한 것으로 보아, 이 점치는 도구와 책은 오행점을 치기 위한 것이다.

『토정비결』의 등장

『만보오길방』은 19세기에 적어도 여섯 군데 이상의 출판사에서 수십만 부 이상 발행되었다. 19세기 말에 서양의 새로운 인쇄 기술이 들어오면서, 20세기 초부터는 이 새로운 인쇄 기술로 만든 책이 대세가 되었다. 더이상 목판본으로 책을 만들지 않게 되자 『만보오길방』은 점차 사라졌고, 이를 대체할 새로운 점서가 나오기 시작한다.

서양에서 들어온 인쇄 기술로 쉽게 책을 간행할 수 있게 되면서 1910년대에 한글로 된 대중서적이 폭발적으로 늘어나는데, 이때 점서도 여러 가지가 나온다. 그러나 독립적인 단행본으로 나온 것이 아니라, 가정에서 필요한 여러 가지 상식을 수록한 '가정보감'이라는 책의 일부로 실리는 방식이었다. 여기에는 편지 쓰는 법, 관혼상제의 예법, 궁합 보는 법, 관공서의 서류 양식, 점치는 법 등 다양한 내용이 포함되었다.

가정마다 꼭 갖추어 두어야 할 책이라는 의미의 '가정보감' 류의 서적은 비슷비슷한 이름으로 수많은 출판사에서 나왔다. 이런 책에는 『만보오길방』에 실려 있던 윷점이나 오행점은 물론이고, 새롭게 '토정비결'이라는 점치는 방법도 들어가게 된다. 토정비결은 윷점이나 오행점에 비하면 약간 복잡하다. 그렇지만 윷점은 64개, 오행점은 32개의 점괘가 있는 데 비해서, 토정비결은 144개의 점괘가 있어서 앞의 두 가지보다 해석이 훨씬 풍부하다.

서양의 문물이 들어오고 개화가 진행되면서 점치는 방법에도 변화가 일어난다. '만보오길방'이라는 구식의 이름보다는 '가정보감'이라는 이름이 멋있어 보이고, '윷점'이나 '오행점'보다는 '토정비결'이 훨씬 더 그럴듯했다. 윷점이나 오행점과 비교했을 때 토정비결이 훨씬 더 정확하게 미래를 예측하게 해 주는 것은 아니지만, 새롭게 나타난 좀 더 자세한 토정비결이 사람들의 관심을 끌게 된다.

토정비결의 첫 괘는 1·1·1 괘인데, 이 괘의 괘사는 '동풍해빙 고목봉춘(東風解氷 枯木逢春, 봄바람에 얼음이 녹고, 마른나무가 봄을 만났다.)'이다. 1910년대 토정비결이 처음으로 인쇄된 책으로 나왔을 때는 주로 한자 8자의 점괘와 간단한 해설이 있을 뿐이었다. 그런데 시간이 지나면서 점점 더 다양한 내용이 덧붙여져서, 20세기 중반 이후에는 1년 12개월의 각 달의 운수까지 들어가게 된다. 그리고 초기에는 여러 가지 잡다한 내용이 들어 있는 책의 한 항목이었는데, 많은 내용을 덧붙여서 독립된 한 권의 책으로 만들어 냈다. 『토정비결』이 한창 잘 팔릴 때는 1년에 수만 부씩 팔렸다.

요즈음은 인터넷에서도 토정비결을 볼 수 있고, 무료로 점을 칠 수 있는 인터넷 사이트도 있으므로, 과거에 비해 『토정비결』의 발행 부수는 훨씬 줄어들었다. 그리고 서양의 여러 가지 점술이 들어오면서 인기가 예전만 못한 것이 사실이다.

세상은 많이 바뀌어서 『만보오길방』이나 『토정비결』로 미래를 예측하던 시대에서, 방대한 정보를 수집해서 이를 컴퓨터로 분석하여 미래를 예측하는 시대로 변했다. 그러나 미래를 예측하는 일은 여전히 어렵다. 19세기에 『만보오길방』이 민간의 점치는 책의 대세였다면, 20세기에는 『토정비결』이었다. 21세기에는 어떤 점책이 주류를 차지하게 될지는 아직 알 수 없다. 그런데 미래를 알고 싶어 하는 인간의 욕망은 줄어들지 않기 때문에, 과거보다 더 다양한 방식으로 미래를 점치는 사업이 번창하고 있다.

18

달력

달력을 함부로 만들면 사형?

스마트폰의 보급과 함께 사라지는 것이 많은데, 그 가운데 하나가 달력이다. 연말이 되면 새해의 달력을 구해서 벽에 걸거나 책상에 놓고 새로운 한 해를 구상하던 일은 과거의 일이 되어 버렸다. 얼마 전까지만 해도 동네의 작은 가게에서도 상호를 넣은 달력을 제작해 단골손님들에게 돌리곤 했는데, 요즈음 세모가 되었다고 해서 단골손님에게 달력을 선물로 주는 데는 별로 없는 것 같다. 최근 은행 사람한테서 들은 이야기인데, 이제는 벽에 거는 큰 달력을 가져가려는 고객은 거의 없고 탁상용 작은 달력을 달라고 하는 손님이 있을 뿐이라고 한다.

　옛날 한옥의 다락문이나 장지문에는 대개 그림을 붙였다. 네 쪽의 다락문에는 닭·개·사자·호랑이 그림 넉 장이 한 세트로 된 것을 붙였고, 장지문에는 잉어가 폭포를 오르는 그림처럼 과거 시험에 합격하기를 꿈꾸는 내용의 낱장 그림을 붙여 놓았다. 1960년대 이후에 전통적인 그림들이 사라지고, 이자리에 여자배우나 외국의 풍경 사진이 대신 들어섰다. 매달 바뀌는 달력의 그림은 벽에 걸어 놓는 것만으로도 훌륭한 장식이었고, 그중에 마음에 드는 그림은 오려 두었다가 벽이나 벽장문에 붙이기도 했다.

거주 형태가 아파트로 바뀌고 생활수준이 높아지면서, 달력 그림을 오려서 벽에 붙이거나 달력 자체를 장식으로 이용하는 일은 점차 사라졌다. 시간을 알기 위해 시계를 볼 필요가 없고, 약속 날짜를 잡기 위해 달력을 보지 않아도 되며, 날씨나 뉴스를 확인하려고 신문을 찾을 필요도 없어졌다. 세상의 모든 정보는 손안에 들고 있는 스마트폰에서 다 나온다. 달력을 보지 않은 지 오래되었다는 사람이 많고, 실제로 달력 없이 생활하는 사람도 많다. 이렇게 달력은 빠르게 우리 주위에서 사라지고 있지만, 조선시대에 달력은 도시와 농촌을 막론하고 일상에서 빼놓을 수 없는 생활필수품이었다.

달력의 제작은 국가가 관장한다

조선시대 달력 제작은 관상감에서 맡았는데, 관상감은 현재의 기상청과 비슷한 역할을 하던 정부 기관이다. 달력의 제작이 자유로운 현재에는 상상할 수 없는 일이지만, 조선시대에는 사적으로 달력을 제작하다가 발각되면 목숨을 잃을 수도 있었다. 달력은 국가에서 엄격하게 통제하는 물품이었기 때문에, 관상감 이외에는 달력을 제작할 수 없었다.

조선시대 형법에는 사적으로 달력을 제작하는 자는 사형에 처한다는 규정이 있었는데, 이와 관련된 기록도 볼 수 있다. 가장 잘 알려진 사건은 정조 시절의 일이다. 『조선왕조실록』 정조 1년(1777) 11월 24일의 기록에 "사적으로 달력을 제작한 죄인 이동이, 살인한 죄인 이이영, 대궐 안에서 칼을 뽑은 죄인 박중근을 특별히 사형에서 한 등급 내려 귀양을 보냈다."는 내용이 있다. 이를 통해 사적으로 달력을 제작하는 일이 살인이나 대궐 안에서 칼을 뽑는 것과 마찬가지로 중대한 범죄였다는 사실을 알 수 있다.

이동이의 달력 위조 사건은 그가 달력에 찍는 관인을 위조하여 그 도장을 찍은 달력을 판매한 것이 드러나고, 그 일에 연루된 여러 명이 체포되면서 전모가 알려졌다. 신하들은 법률에 나와 있는 대로 이동이를 사형에 처해야 한다고 강하게 주장했다. 그러나 정조는 사건의 경위를 자세히 파악한 뒤 사형 대신 귀양을 보내는 것으로 판결했다.

이와 같이 엄한 규정을 두면서까지 달력의 제작을 정부에서 독점한 이유는 여러 가지가 있겠지만, 가장 중요한 것은 달력을 제작하는 권한이 바로 권력의 상징이라는 점이었다. 시간을 통제하는 권력은 봉건시대 통치자가 지닌 권력 중 하나였다. 이러한 힘은 현재도 정부에서 가지고 있다. 과거 시험을 언제 치를 것인가를 임금이 정했던 것처럼, 수능 시험 날짜를 결정하는 것은 정부의 교육을 담당하는 부서이다. 또 관상감이 달력을 제작해 절기를 알려 주는 것처럼, 지금도 공휴일을 정한다든가 대체공휴일을 어떻게 적용할 것인가는 정부에서 결정한다.

우리나라에 '천문법'이라는 법률이 있는데, 제5조 3항에 "과학기술정보통신부장관은 관공서의 공휴일을 국민이 명확하게 인식할 수 있도록 적색으로 표기하는 등 대통령령으로 정하는 바에 따라 월력요항을 작성하여 관보에 게재하여야 한다."라고 되어 있다. 무슨 날을 공휴일로 정할 것인가는 물론이고, 공휴일은 빨간색으로 표시해야 한다는 것도 법률로 정해져 있다. 그런데 이 조항에서 '월력요항'이라는 단어는 쉽게 보기 어려운 말이다. 천문법에서는 월력요항을 "관공서의 공휴일, 기념일, 24절기 등의 자료를 표기한 것으로 달력 제작의 기준이 되는 자료"라고 설명해 놓았다. 과학기술정보통신부는 매년 월력요항을 발표하는데, 2022년에는 6월 12일에 2023년도 월력요항을 발표했다. 이에 따르면 2023년도 공휴일은 67일이고, 주5일제 근무하는 기관의 휴일은 116일이라고 한다.

봉건시대가 끝난 지 오래되었지만, 현재도 달력을 만드는 기준은 국가가 통제하고 있다. 광복 후 우리나라에서는 단군이 즉위한 해를 원년으로 하는 '단기'를 공식적으로 썼는데, 정권이 바뀌면서 '서기'로 바꾸었다. 이처럼 단기를 서기로 바꾼다든가, 표준시를 동경 127.5도에서 135도로 바꾸는 것도 정권이 바뀌면서 일어나는 일이다.

권력과 관련된 것으로 가장 흥미로운 달력은 1789년 프랑스혁명 이후에 새로 제정한 '혁명력'일 터이다. 혁명 정부는 1년의 시작을 가을의 추분으로 하고, 열두 달 이름도 모두 바꿨다. 예를 들어 기존의 9월(septembre)은 '포도를 수확하는 사람'이라는 의미의 방데미에르(vendémiaire)라고 바꾸고, 이때부터 새해의 시작이라고 정했다. 비록 12년이라는 짧은 기간 동안 쓰이는 데 그쳤지만, 권력자가 달력을 제작하는 권한을 갖고 있음을 잘 보여 주는 사례이다.

달력을 만들어 배포하는 과정

현재는 '달력' 또는 '캘린더'라는 명칭이 일반적이지만, 조선시대에는 책력, 역서, 월력, 일과력, 대통력, 시헌력, 내용삼서 등등 일컫는 이름이 다양했다. 조선 후기 달력의 공식 명칭은 '시헌서(時憲書)'이다. 원래는 '시헌력(時憲曆)'이었는데, 청나라 강희제의 이름이 '홍력(弘曆)'이므로 황제의 이름을 피하기 위해 '력'을 '서'로 고쳐서 부른 것이다.

조선시대 달력을 만드는 과정에 대해서 자세하게 기술한 『서운관지』라는 책이 있는데, 관상감의 관리인 성주덕이 1818년에 편찬했다. 관상감의 업무 가운데 달력을 제작하는 일은 매우 중요한 일이었다. 『서운관지』가 설명한 달력 만드는 과정은 다음과 같다.

달력을 제작하기 위해서는 가장 먼저 원고를 만들어야 하는데, 이 일은 12월부터 시작해서 이듬해 1월까지는 끝내야 했다. 이렇게 작성된 원고를 관상감의 여러 직원이 면밀하게 검토해서 인쇄를 위한 최종본을 만들어 내면, 이를 바탕으로 목판을 제작한다. 그리고 이 목판으로 인쇄를 하는데, 대체로 임금에게 달력을 바치기 20일 전까지는 제작을 완료했다. 달력 제작을 담당했던 관상감 직원들은 1년 내내 달력 만드는 일에 전념했다.

완성된 달력은 24절기의 하나인 동지에 임금에게 바쳤다. 동지는 양력으로는 보통 12월 21일이나 22일로 일정하지만, 음력으로는 일정치 않으며 대개 11월에 들어 있다. 동지는 낮이 가장 짧고 밤이 가장 긴 날로, 한 해의 시작으로 간주하기도 한다. 그러므로 이날 관상감에서는 달력을 임금에게 바치고, 임금은 이를 관리들에게 나누어 주었다.

영조 38년(1762)에는 관상감에서 달력을 약 20만 부 인쇄했고, 이 숫자는 점점 늘어나서 정조 22년(1798)에는 38만 부가 되었다. 이 분야의 전문가인 박권수 교수의 연구에 따르면, 이 가운데 약 15퍼센트 정도가 무상 배포였고, 약 85퍼센트는 판매용이었다고 한다.

달력의 판매는 조선 초기부터 있었던 것으로 보인다. 초기에는 인쇄 부수가 4,000~5,000부로 많지 않았기 때문에 판매로 얻는 수익이 그리 크지는 않았을 것이다. 그러나 1800년 무렵에는 38만 부에 다다랐으니 그 이익도 꽤 컸을 터이다. 달력의 판매로 얻는 이익은 주로 관상감의 자체 경비를 조달하는 데 쓰였다고 한다. 달력의 제작과 판매를 정부에서 맡았으므로, 달력은 일종의 전매사업이었다고 할 수 있다.

달력에 오류가 있으면 벌을 받는다

19세기에 들어서기 전까지 조선에서 나온 책은 대부분 관청에서 제작한 관판본이었다. 관판본이 아닌 책으로는 사찰에서 제작한 불경이나 문중에서 간행하는 족보 정도가 있었을 뿐이다.『지봉유설』의 저자 이수광(1563~1628)은 임진왜란 이후 나온 책에는 잘못된 글자가 많다는 점을 지적하면서 "옛날에는 모든 서책에 잘못된 것이 있으면 감독하는 관리를 바로 곤장으로 때렸으므로 잘못된 글자가 아주 없었다."고 했다. 이수광의 말을 따르자면 임진왜란 이후에 책 만드는 기관의 기강이 해이해졌던 것으로 추측할 수 있다. 그러나 18세기 정조 시대에 관상감은 매우 엄격하게 기율을 지켰다. 두 가지 예를 보기로 한다.

정조 14년(1790) 11월 3일 『일성록』에는 "관상감 제조 오재순과 홍양호를 파직하였다."는 내용의 기사가 실려 있다. 달력은 동짓날 임금에게 바치게 되어 있으므로, 동지 20일 전까지는 완료해야 한다. 1790년에 동지는 음력 11월 16일이었으므로, 11월 3일이면 이미 달력 제작이 완료된 상태였다. 그런데 완성된 달력에 빠진 글자가 있다는 것을 알게 된다. 관상감에서는 이 문제를 임금에게 보고하면서 처벌을 달게 받겠다는 뜻을 아뢰었다. 하지만 담당자를 처벌하는 데 국한되지 않고, 빠진 글자를 다시 넣어 40만 부 가까운 달력을 다시 제작해야 하는 것이 문제였다. 정조는 이 문제를 다음과 같이 처리했다. 고위직 두 사람은 파면하고 실무자들은 곤장을 치는 정도로 처벌은 끝내고, 빠진 글자 하나는 크게 문제가 되는 것이 아니므로 그대로 배포해도 좋다는 명령을 내렸다. 이처럼 달력 제작에 있어서 사소한 실수도 용납되지 않았다.

대량으로 제작하는 것이 아니라 임금에게만 보고하는 달력도 있는데, 이런 달력에 문제가 생겼을 때도 상당히 큰 처벌을 받았다. 정조 21년(1797) 겨울, 임금에게 올리는 이듬해의 『칠정력』에 '우수(雨水)'를 빠뜨린 것이 관상감의 자체 조사에서 드러나자, 관상감의 관리들은 죄를 받겠다고 임금에게 아뢰었다. 그러자 정조는 제작 담당자는 곤장을 쳐서 귀양을 보내고, 감독하는 관리들은 봉급을 깎거나 벌금을 내도록 했다.

임진왜란 때 조선을 침략한 일본군이 금속활자 등의 인쇄 기구와 수많은 서적을 약탈해 가고, 전쟁이 7년이나 이어지는 통에 조선의 출판 기반이 무너졌다. 전쟁이 끝난 후 서적 보급을 위해 급히 나무로 만든 활자로 책을 인쇄하면서 출판의 질이 떨어졌었는데, 정조 시대에 와서는 다시 과거의 수준을 회복했다. 그리고 이 시대가 되면 조선에서도 영리를 목적으로 하는 출판이 서서히 나타나기 시작한다.

사적으로 제작한 달력

관상감에서는 수십 명의 인원이 1년 내내 매달려서 많게는 38만 부의 달력을 제작했다. 이렇게 많이 찍어도 모든 집에 달력이 한 부씩 돌아가는 것은 아니었다. 『조선왕조실록』에는 1800년 무렵 조선의 총 인구가 750만 명 정도라고 나와 있는데, 역사학자들은 실제로는 이보다 훨씬 많았을 것으로 보고 있다. 그러나 실록의 기록대로 19세기 초 인구를 750만 명이라고 한다면, 38만 부는 20명에 한 부씩 보급되는 수량이다. 달력은 서울을 비롯한 큰 도시에서는 최소한 한 집에 한 부는 있어야 했고, 지방이라 하더라도 중상류층에게는 필수품이었다. 그러므로 관상감에서 제작하는 것만으로는 충분치 못했으며, 게다가 정부에서 제작한 것은 값이 비쌌다.

조선 초기에 4,000~5,000부 정도 제작하던 달력이 1800년 무렵에 38만 부까지 늘어난 것은, 달력을 필요로 하는 인구가 그만큼 늘어났다는 것을 보여 준다. 그리고 관상감에서 제작한 달력은 순전히 한자로만 되어 있으므로, 달력을 보고 이해하려면 한문을 읽을 수 있는 능력이 필요하다. 이를 통해 18세기 말 조선에는 적어도 38만 명 이상의 한문 해독자가 있었음을 알 수 있다. 만약 책력 하나를 세 사람이 본다고 하면, 한문을 읽을 수 있는 인구가 100만 명 정도는 되었다고 추산해도 괜찮을 것이다.

앞에서 이동이 사건에서 본 것처럼 달력을 사적으로 제작하는 것은 사형에 해당되는 죄였다. 정조 23년(1799) 『승정원일기』에는 관상감 제조 정민시가 "달력을 사적으로 인쇄하는 것은 법으로 매우 엄격하게 금하고 있음에도 지방 사람이 사사로이 낱장 달력을 만들어서 인쇄하여 제멋대로 팔고 있으니 일이 너무도 놀랍습니다. 각 도에 단단히 일러서 각별히 엄금하도록 하는 것이 어떻겠습니까?"라고 아뢰니, 임금이 그대로 따랐다는 기사가 있다. 그리고 순조 14년(1814)에도 영의정 김재찬이 "사적으로 동전을 만들거나 달력을 만드는 자들을 사형시키라."는 건의를 올렸다는 기사가 『순조실록』에 나온다. 이와 같이 사적으로 달력을 제작하는 것을 엄격하게 금지했다는 사실은 곧, 사적으로 제작한 달력이 많이 퍼져 있었음을 반증하는 것이기도 하다.

그런데 사적으로 제작한 달력의 실물이 없어서인지, 이 방면의 전문 연구자들도 이 문제에 대해서는 별로 관심을 두지 않고 있다. 그런데 필자는 1843년 민간에서 제작한 달력을 손에 넣을 수 있었다. 1843년의 관상감 달력과 민간에서 만든 달력을 보기로 한다.

관상감에서 배포하는 달력은 본문이 15장(윤달이 드는 해는 16장)으로 된 책자 형식이다. 이에 비해서 민간에서 사적으로 제작한 달력은 한 장짜리이다. 관상감 달력은 258쪽 그림에서 볼 수 있듯, 1년 열두 달의 절기를 한눈에 볼 수 있는 것이 맨

둘 다 1843년의 달력으로 위는 관상감에서 제작한 시헌서의 맨 앞 장이고,
아래는 민간에서 제작한 한 장짜리 달력이다.
민간 달력은 한글을 병기했고, 내용이 훨씬 간략하다.

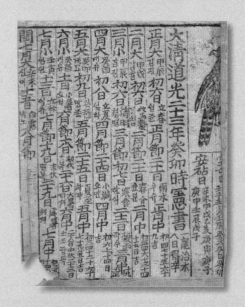

앞에 들어가고, 그 뒤로 12개월이 각 한 장씩 있고, 또 몇 가지 정보가 들어 있는 두 장이 덧붙는다. 그런데 민간에서 만든 것은 1년 12개월이 큰달인가 작은달인가 하는 것, 입춘이나 우수와 같은 24절기, 매달 길한 날짜 등을 한 장 안에 적어 놓았다.

이처럼 분량의 차이도 있지만, 정부에서 만든 것은 순전히 한자인 데 비해 민간 달력은 한자와 한글을 함께 써 놓았다는 점이 크게 다른 점이다. 예를 들면, 2월 6일에는 '驚蟄'이라고 쓴 한자 옆에 한글로 '경칩'이라고 병기해 두었다. 한자를 모르는 사람이라도 한글로 써 놓은 것을 보고 절기를 알 수 있게 한 것으로, 민간에서 제작한 낱장 달력은 한자를 잘 모르는 사람들까지도 고객으로 삼았음을 알 수 있다. 그리고 이 한 장짜리 달력의 값은 관상감에서 제작한 것에 비해 훨씬 쌌다.

1894년 갑오개혁의 여파로 1896년부터 양력을 쓰게 되면서, 기존에 상순·중순·하순의 10일 단위였던 시간 개념은 일주일을 나타내는 7일 단위로 바뀌게 된다. 그리고 전통적인 달력은 다양한 모습의 새로운 달력이 나타나면서 점차 사라지고, 21세기에 들어와서는 기존의 모든 달력이 스마트폰에 밀려 없어지고 있는 중이다.

19

『삼국유사』

『삼국유사』는 왜 오랫동안 잊혀졌을까?

근 40년 전 일연시비를 세우고 제막식을 하던 날 참석한 적이 있다. 그날 필자가 찍은 사진이 있어서 이 글을 쓰면서 빛바랜 사진 몇 장을 꺼내 보았다. 일연스님이 『삼국유사』를 집필한 곳은 경상북도 군위군에 있는 인각사인데, 이 절에 전국시가비건립동호회에서 일연스님을 기리는 비석을 세울 때 찍어 둔 것이다. 앞면에는 일연스님이 지은 한시를 한글로 번역하여 새기고, 뒷면에는 일연스님의 간단한 일생을 적어 놓은 소박한 비석이다. 잠깐 일연시비 세우던 일을 생각하다가 인터넷에서 인각사를 검색해 보니, 이 절이 자리 잡고 있는 면의 명칭이 '삼국유사면'으로 바뀌었다는 것을 알게 되었다. 오래된 지명인 고로면을 2021년에 삼국유사면으로 바꿨으며, 인각사 앞의 도로에는 '삼국유사로'라는 이름이 붙여졌다.

1985년, 경상북도 군위군 인각사에 일연시비를 세웠다. 인각사는 일연스님이
『삼국유사』를 집필했던 곳으로, 인각사가 있는 고로면은 2021년에
'삼국유사면'으로 이름을 바꾸었다.

『삼국유사』를 모르는 사람은 있을지 몰라도, 단군을 모르는 한국인은 없을 것이다. 그리고 신라의 향가 제목은 모르더라도, 신라에 향가가 있었다는 사실은 대부분 알고 있다. 그런데 단군이나 향가에 관한 기록은 『삼국유사』가 없었다면 전해지지 못했을지도 모른다. 단군이라는 이름 정도를 알 수 있는 기록은 약간 전해지지만 『삼국유사』에 실린 것처럼 구체적이고 자세한 내용은 없으며, 신라의 향가는 『삼국유사』 외에는 전해지는 것이 전혀 없다.

　이처럼 『삼국유사』는 현재 한국 문화의 뿌리와 깊은 연관을 갖고 있는 책이다. 그런데 이렇게 중요한 책이 조선 후기에는 찾아보기 어려운 책이 되었고, 1927년이 되어서야 외국에서 나온 『삼국유사』를 바탕으로 만든 책을 겨우 볼 수 있었으며, 해방 이후에 비로소 한글 번역이 나왔다. 그리고 일찍이 보물로 지정되었던 『삼국유사』는 근래에 국보로 승격되었다. 이 글에서는 『삼국유사』는 어떤 책이며, 왜 조선 후기에는 아무도 보지 않는 책이 되었는지 그 사정을 알아보기로 한다.

일연과 그의 시대

　『삼국유사』에는 일연의 제자가 쓴 글도 몇 개 섞여 있어서 저자에 관한 논란이 있긴 하지만, 대부분의 글은 일연의 손에서 나온 것으로 보는 것이 학계의 일반적인 시각이다. 일연은 1206년 경상북도 경산시에서 태어났는데, 출가 전의 속명은 김견명(金見明)이다. 그는 아홉 살에 광주 무등산의 무량사에서 불교 공부를 시작해서, 14세에 강원도 설악산의 진전사에서 정식으로 승려가 된 후, 당시 불교 종단에서 실시하는 여러 종류의 시험에 우수한 성적으로 합격하였다. 그 후 주로 경상도 지역의 사찰에서 머물었는데, 78세가 되던 해에는 국가에서 국존(國尊)으로 임명해서 고려의 승려 중에 가장 높은 지위에 올랐다. 그리고 84세에 인각사에서 세상을 떠났다.

일연이 태어났을 때 고려는 무신정권이 완전히 자리 잡은 시기였고, 스님의 젊은 시절에서 노년에 이르기까지는 몽골의 침입으로 나라가 어려웠다. 70대에 이르러서야 비로소 나라가 안정되면서 스님은 불교계의 가장 중요한 인물이 되었고, 이 시기에 『삼국유사』도 완성했다. 몽골의 지배하에 있으면서 고려는 성리학을 본격적으로 받아들이는데, 이때 고려에 들어온 성리학은 후에 불교의 나라 고려를 무너뜨리고 성리학의 나라 조선을 만드는 이념의 바탕이 된다. 일연의 시대까지는 국교로서의 불교의 위상이 크게 흔들리지는 않았으나, 새롭게 들어온 성리학은 지식인들 사이에서 점차 세력을 넓혀 갔다.

일연은 『삼국유사』의 서문에서 공자를 옛날의 성인이라고 말하고, 『논어』의 구절을 인용해서 이성적인 세계 인식이 필요함을 말했다. 그러나 종교적인 신이(神異)함 또한 필요한 것이므로 이를 도외시할 수 없다고 역설하면서, 자신이 『삼국유사』를 쓰는 뜻은 이러한 종교적 신이함을 얘기하려는 것임을 밝혔다. 무신의 발호와 외적의 침입 그리고 새로운 사상의 도입으로 어지러운 고려의 앞날이 순탄치 않을 것임을 예상했던 일연은, 이와 같은 국가의 시련을 종교의 신이함으로 극복해 나갈 수 있을 것으로 보았다. 『삼국유사』의 집필 또한 이러한 의도를 잘 보여 주는 책이라고 하겠다.

『삼국유사』의 내용

『삼국유사』를 말할 때 함께 거론되는 책은 『삼국사기』이다. 『삼국사기』는 고려 때 국가에서 편찬한 삼국의 역사에 관한 책으로 한자로는 '三國史記'라고 쓴다. 한편 『삼국유사』의 한자는 '三國遺事'로 '사'는 한자로 역사라는 의미의 '史'가 아니라 일이라는 의미의 '事'이다. 그러므로 『삼국유사』는 역사책이라기보다는 역사책에는 들어 있지 않은 삼국시대 이야기를 모아 놓은 책이라고 말해도 좋을 것이다. 물론 과거의 이야기를 모아 놓은 책이므로 역사의 범주에 포함된다고 말할 수도 있겠지만, 일연의 의도는 역사적 사실을 밝히는 것보다는 신이한 이야기를 많이 수집해서 후세에 전하는 것이었다.

『삼국유사』의 내용은 크게 둘로 나눌 수 있는데, 전반부는 역사적인 것이고 후반부는 불교적인 내용이다. 전반부는 도표 형식으로 만든 연대표인 왕력(王曆)과 역사상 기이한 이야기를 중심으로 기술한 기이(紀異)의 두 가지로,『삼국사기』에서는 볼 수 없는 여러 가지 내용이 들어 있다. 예를 들면, 삼국 이외에 가락국이라는 항목을 설정하고 가락국에 대한 설명을 따로 붙인 것이라든가, 고조선을 우리 역사의 시작으로 보고 기자조선에 관한 내용을 서술하지 않은 것 등은『삼국유사』가 갖고 있는 독특한 역사관이라고 할 수 있다.

후반부의 불교적인 내용에는 먼저 삼국에 불교가 들어온 과정을 상세히 기술한 다음, 황룡사·낙산사·월정사 등의 구체적인 불교 사적이나 이와 관련된 신비스런 사건들을 써 놓았다. 그리고 원효나 의상 같은 뛰어난 승려의 이야기를 싣고, 이와 함께 고승들이 초월적인 힘으로 미신과 악을 퇴치하는 모습을 그리기도 했다. 이 밖에 역사에 전혀 이름이 전하지 않는 인물들 가운데 깊은 신앙심을 가졌던 사람에 관한 기록도 있고, 명예나 벼슬을 추구하지 않은 인물의 행적도 실었다. 마지막에는 효도와 선행을 행한 인물에 대한 기록이 들어 있다.

잘 알려진 대로 고조선을 비롯한 한반도 초기 국가에 관한 기록은 『삼국유사』에 실려 있는 것이 거의 전부라고 말할 수 있을 정도이다. 그러므로 조선 초기에 국가에서 역사서를 편찬할 때 『삼국유사』는 중요한 참고 자료였다. 그러나 조선 중기가 지나며 『삼국유사』는 불교 서적이라는 인식이 커지면서, 굳이 찾아볼 필요가 없는 책이 되어 버린다.

조선 시대의 『삼국유사』

조선 초기에는 고려의 풍습이 그대로 남아 있어서, 소수의 성리학자를 제외한 대부분의 관료와 민간에서는 여전히 불교를 숭상했고, 왕실에서도 불교를 배척하지 않았다. 그러므로 『삼국유사』를 특별히 부정적으로 보지 않았다. 그러나 나라를 세운 지 100년 정도 지나면서, 『삼국유사』의 내용을 비판하는 내용의 상소문이 나타나기도 한다. 중종 11년(1516) 한산군의 군수 손세웅은 『삼국유사』에서 삼국에 불교가 들어온 상황에 대한 기록을 인용하면서, 고구려·백제·신라에서 불교를 받아들였지만 불교가 나라를 복되게 만든 것은 아니라는 점을 강조하는 상소문을 올렸다. 현재의 백과사전 같은 책인 『대동운부군옥』을 저술한 권문해(1534~1591)도 『삼국유사』를 괴이하고 헛된 책이라고 했다.

『삼국유사』에 대한 이러한 부정적인 시각은 성리학이 확고

한 지배 이념으로 자리 잡는 조선 후기가 되면서 더욱 심해진다. 몇 가지 예를 보기로 한다. 안정복(1712~1791)은 『삼국유사』에 대해, "본디 불교의 원류를 전하기 위하여 지은 것으로, 이단의 괴이하고 헛된 설이다."라고 했다. 안정복은 『동사강목』을 집필하면서 『삼국유사』를 참고 자료로 썼는데, 연대를 고찰할 때 인용할 수 있는 정도 이상의 중요한 의미가 들어 있는 책은 아니라고 했다. 안정복이 『삼국유사』를 괴이하고 헛된 내용의 책이라고 말한 것은, 조선 후기의 지식인이 『삼국유사』에 대해서 갖고 있는 일반적인 인식이었다.

『연려실기술』을 쓴 이긍익(1736~1806)은 단군 관련 내용을 쓰면서 『삼국유사』의 기록을 인용했는데, 여기에 다음과 같은 내용을 덧붙였다. "그 설이 괴이하고 허황하고 비루하고 과장되어 애당초 거리의 아이들조차 속이기 부족한데, 역사를 저술하는 사람이 이 말을 온전히 믿을 수 있겠는가?" 그러면서 『삼국유사』의 내용은 역사라고 말할 수 없다고 했다. 이러한 시각은 이덕무(1741~1793)도 마찬가지여서, 『삼국유사』의 내용을 소개하고 나서, "그 말이 황당하고 허탄하다."라는 한마디로 평가했다. 이덕무의 손자인 이규경도 『오주연문장전산고』에 할아버지의 말을 그대로 실어 놓았다.

다산 정약용(1762~1836)도 『삼국유사』에는 사리에 어긋나는 기록이 많다고 하면서 대표적인 사례로 고조선의 단군이나 신라의 박혁거세 관련 이야기를 들었다. 환웅이 신단수 아래에 내려와서 나라를 다스리고, 인간으로 변한 곰과 환웅이 혼인해서 단군왕검을 낳았다는 얘기를 역사라고 말할 수는 없다는 것이 다산의 생각이다.

조선 후기에 『삼국유사』를 언급한 사람들은 당대 최고의 학자들이다. 이것으로 보아, 당대 최고 수준의 학자들 이외에는 『삼국유사』를 아는 사람도 없었고 관심도 없었음을 알 수 있다. 이들 학자들은 대부분 『삼국유사』를 부정적으로 평가했는데, 가장 큰 이유는 이 책의 내용이 불교적이며 사실이라고 인정하기 어려운 내용이 많다는 점이었다. 『삼국유사』를 언급한 학자들은 대부분 '실학자'라고 불리는 인물들이다. 이들은 성리학을 신봉하고 고증학에도 조예가 깊었기 때문에, 증명할 수 없는 것을 사실처럼 말하는 것에 대해 거부감을 가졌다. 일연이 강조했던 신이한 일들은 이들 성리학자들에게는 괴이하고 헛된 것일 뿐이었으므로, 조선 후기에 와서 『삼국유사』는 일고의 가치도 없는 책이 되어 버린다.

20세기의 『삼국유사』

조선시대에 국가에서 간행한 지리지 가운데 가장 중요한 책은 성종 12년(1481)에 나온『동국여지승람』인데, 50년 후에는 증보판『신증동국여지승람』이 나오기도 했다. 그리고 관찬 역사서 중에서는 성종 16년(1485)에 간행한『동국통감』이 중요하다. 국가에서 편찬한 이 두 종의 책을 보면 여러 군데『삼국유사』를 참고했다는 기록이 있으므로, 15세기 후반까지는『삼국유사』가 꽤 알려진 책이었음이 분명하다. 그리고 1512년에는 경주에서 목판으로 간행되었으므로 조선 초기에『삼국유사』는 그렇게 구해 보기 어려운 서적은 아니었을 것이다.

그런데 조선 후기에 오면 지식인 가운데『삼국유사』를 언급하는 사람이 거의 없는 것으로 보아, 책 자체가 이미 희귀해졌음을 알 수 있다. 이렇게 조선 말기에『삼국유사』는 조선에서 완전히 잊힌 책이 되었다. 그런데 19세기 말부터 일본의 연구자들이『삼국유사』에 관심을 가지면서 일본에서『삼국유사』가 간행된다. 1904년 도쿄대학에서 활자본으로 간행했는데, 이때 사용한 저본은 임진왜란 때 퇴각하던 일본군이 일본으로 가져가 도쿠가와 이에야스에게 바친 것이다. 그리고 1921년에는 교토대학에서 영인본이 간행되었는데, 이때의 저본은『동사강목』을 쓴 안정복이 가지고 있던 책이다. 안정복 소장본은 식민지 시기에 일본인이 사서 가져간 것이다.

일본의 연구자들이『삼국유사』에 대해 관심을 갖게 된 것은 일본의 고대사 연구를 위해서『삼국유사』를 볼 필요가 있었기 때문이었다. 그리고 일본인들은 신라의 향가에 대해서도 호기심을 갖고 있었다. 이렇게 되자 한국에서도 자연스럽게『삼국유사』에 관심이 일었고, 일본에서 처음 책이 간행된 지 약 20년 지난 1927년에 최남선은 자신이 발행하는 잡지「계명」18호에 '『삼국유사』해제'와 함께 본문을 활자화하여 발간한다. 이는『삼국유사』의 역사에서 하나의 사건이다.『삼국유사』에 관한 책을 열정적으로 내 온 고운기 교수의 표현을 빌리면, "1512년 경주에서 한 번 인쇄된 다음, 실로 415년 만에『삼국유사』는 최남선의 손을 통해 새 옷을 입고 세상에 다시 나온" 것이었다.

최남선이 쓴『삼국유사』의 해제는 오랫동안『삼국유사』연구의 지침이 되었다. 최남선은『삼국사기』는 중국의 문헌에서 뽑아 온 글이 위주이고 그 밖의 내용도 주로 중국화된 것인 데 비해,『삼국유사』는 맥락이 끊어지고 뒤섞인 것이 많고 허황된 내용이지만 한 조각 고유의 내용이 들어 있다고 했다. 그리고『삼국유사』와『삼국사기』중에 하나를 선택해야 한다면 자신은『삼국유사』를 택하겠다고 했다. 최남선의 발언은 오랫동안『삼국사기』는 사대적인 내용의 책이고,『삼국유사』는 자주적인 내용의 책이라는 인식을 사람들에게 심어 주었다. 그러나 이런 시각이 두 책에 대한 올바른 이해는 아니다.

해방이 되면서 『삼국유사』의 위상은 이전보다 더욱 높아지게 된다. 1946년에 해방 후 처음으로 『삼국유사』 한글 번역이 나왔고, 이제는 하나하나 다 열거할 수 없을 정도로 많은 번역본이 있다. 국사편찬위원회의 한국사데이터베이스에서는 원문의 이미지와 함께 세밀한 각주를 붙인 번역을 볼 수 있고, 여기에 더해 다양한 해설도 함께 읽어 볼 수 있다. 수천 편이 넘는 『삼국유사』 관련 논문이 나와 있고, 연구서도 많이 간행되었으며, 교양 서적도 셀 수 없이 많다.

고려 후기에 성리학적 세계관이 점차 세력을 넓혀 가는 것을 보면서 일연은 불교적 이상이 실현되는 세상이 회복되기를 꿈꾸었고, 그러한 꿈이 『삼국유사』에 스며들었다. 조선 후기의 실학자들이 『삼국유사』의 내용을 허황하다고 배척한 것 또한 마찬가지로 그 시대의 이상을 추구한 결과이다. 조선이 성리학을 국가 이념으로 삼고 불교를 배척했으므로 『삼국유사』의 내용을 용납하기 어려웠을 것은 분명하다.

19세기 말부터 일본 학자들이 『삼국유사』를 연구한 것은 그속에 들어 있는 내용이 일본 역사 기술에 도움이 되리라고 생각했기 때문이다. 그리고 일본에서 나온 『삼국유사』를 보고 최남선이 그 가치를 알아보면서, 사실상 조선에서는 없어졌던 책인 『삼국유사』는 1927년 최남선에 의해 새롭게 태어난다. 현재 『삼국유사』는 민족문화의 원형이라고 불리고 있다. 그리고 제도교육 속에서 『삼국유사』는 그런 효용을 갖고 있는 텍스트로 쓰이고 있으며, 전통문화와 관련된 갖가지 사업에서 언제나 가장 중요한 텍스트로 자리를 잡고 있다. 21세기에 『삼국유사』는 이런 의미를 갖게 되었다.

20

불경

유교의 나라에 불경이 온 까닭은?

전라남도 신안군은 섬이 가장 많은 지방자치단체로, 1004개의 섬이 있다고 하여 '천사의 섬'이라는 별칭을 갖고 있다. 신안군의 섬은 육지와 다리로 연결된 곳이 많은데, 지금도 섬과 섬 사이를 잇는 교량 설치 공사가 진행 중이다. 2021년 2월에는 '지도'와 '임자도'를 잇는 임자대교가 개통되었다.

　신안군이라는 지명을 들으면, 바로 '신안 앞바다 보물선'을 떠올리는 사람이 많을 것이다. 1975년 한 어부의 그물에 도자기가 걸려 나오면서 이 해역의 발굴 조사가 시작되었고, 14세기 중국 송나라 유물이 엄청나게 쏟아져 나왔다. 현재 이곳은 대한민국의 사적 제274호 '신안 해저 유물 매장 해역'으로 지정되어 있다. 연구를 통해 난파한 배는 중국에서 일본으로 가던 무역선이고, 여기에 실린 물건은 중국에서 일본으로 수출

1976년 신안 앞바다에서 건져 올린 중국 송원대의 도자기들. 중국의 무역선이
신안 앞바다에서 난파당하는 일은 종종 있었는데, 숙종 때 난파선에서
건져 올린 불경이 유교의 나라 조선에 큰 영향을 끼치게 된다. 한국정책방송원.

하던 것임이 밝혀졌다.

'신안 보물선'처럼 풍랑을 만나 난파하거나 표류하던 배가 서해안의 섬이나 육지에 닿았다는 내용을 과거의 기록에서 상당히 많이 볼 수 있다. 특히 신안 앞바다에 떠밀려 오는 경우가 많았다. 조선시대에는 외국의 배가 표류해서 조선 땅에 닿으면 당지의 책임자가 조정에 보고하고, 서울에서는 구체적으로 처리 지침을 내렸다.

난파선에서 나온 불경

『조선왕조실록』숙종 7년(1681) 7월 9일 기사에는 다음과 같은 내용이 있다.

중국의 상선이 태풍으로 표류하다 나주의 지도 등지에 닿은 배가 많았다. 매우 깨끗한 불경과 아주 잘 만든 절에서 쓰는 그릇 등이 해류에 밀려 떠다녔는데, 전라도와 충청도 바닷가의 여러 고을에서 건져 낸 것이 모두 천 권쯤 되었다. 각 지방에서 계속 조정에 보고하면서 그 책을 함께 바쳤다. 임금이 오랫동안 이 책을 보고 있으니, 민정중이 "이단의 책을 임금께서 오래 보시는 것은 마땅치 않다."고 했고, 김수항 또한 그렇게 말했다. 그러자 임금이 남한산성의 사찰에 나눠 주라고 했다.

이 짧은 기사에는 두 가지 흥미로운 내용이 들어 있다. 하나는 난파선에 불경이 실려 있었다는 점이다. 중국의 배가 태풍을 만나 서해안에 표류하는 일은 꽤 많았으므로 중국의 난파선이 특이한 일은 아니다. 다만 이 배가 장사하는 선박이고, 실려 있는 물건이 불경과 사찰 용품이라는 점은 특이하다. 이 배에 실려 있던 불경과 사찰 용품은 누가 어디에서 만들었으며, 구매자는 누구였을까?

다른 하나는 숙종이 대궐 안에서 불경을 읽어 보았다는 점이다. 전라도와 충청도 해안에서 건져 올린 불경이 약 천 권이고, 각 지방에서는 이를 모두 서울로 보냈다. 그런데 숙종이 이 불경을 오랫동안 보았다고 한다. 난파선에서 나온 물건이니 호기심으로 잠깐 보는 일은 있을 수 있겠으나, 주자학의 나라 조선의 임금이 오랫동안 불경을 보았고, 신하들의 만류로 겨우 멈추었다는 사실이 흥미롭다.

불경을 팔러 가던 중국의 장삿배, 그리고 불경에 심취했던 조선의 임금, 이 두 가지는 우리의 기존 상식과는 차이가 있다. 일반적으로 불경은 사찰에서 인쇄해서 나눠 주는 것으로 알고 있었는데, 중국에는 판매용 불경이 있었다는 점이 특이하다. 그리고 세종이나 세조 같은 조선 초기의 왕이 불경을 읽었다는 것은 잘 알려진 사실이지만, 조선 후기의 임금인 숙종이 대궐에서 불경을 읽었다는 것은 뜻밖의 일이다.

이 사건이 있은 지 60년쯤 뒤에 태어난 이충익은 조금 더 자세히 기록해 놓았다. 난파선에서 나온 불경 중 숙종이 읽은 것은 『유마힐경』이었다고 한다. 숙종은 이해가 안 되는 대목이 있었던지, 불교 지식이 해박했던 당시 승지 임상원에게 이 불경의 내용을 해설해 달라고 했다. 그런데 임상원은 승지인 자신이 임금에게 불경을 해설해 드릴 수 없다며 거절했다고 한다. 승지의 직무 가운데는 임금에게 유교의 경전을 강의하는 일도 들어 있으므로, 아무리 왕의 요청이라 하더라도 임금에게 불경의 내용을 설명하는 것은 적절치 않다고 생각했던 것이다.

『숙종실록』의 이 짤막한 기사에서 난파선이 발견되었고, 그 배에 실려 있던 물건이 불경이었다는 점을 확인할 수 있다. 유교의 나라에 불경을 싣고 온 난파선의 정체는 무엇이고, 불경의 행방은 어떻게 되었는지 궁금하지 않을 수 없다.

난파선에 실린 불경의 정체

실록은 이 사건에 대해서 더 자세히는 기록하지 않았다. 당시에 이 일을 언급한 다른 기록들을 보면 난파선에서 나온 불경의 정체를 잘 알지 못했던 것으로 적어 놓고 있으나, 실제로는 그렇지 않았던 것 같다. 이 난파선에는 중국 선원 생존자가 상당수 있었고, 이들을 중국으로 돌려보내기 전에 자세히 조사를 했다. 그러니 화물의 내용과 목적지를 조정에서는 정확하게 파악하고 있었을 것이다.

『승정원일기』에는 실록보다 좀 더 자세한 기록이 남아 있는데, 조정에서는 생존한 선원이 서울에 도착하기 전에 이미 난파선의 성격을 어느 정도 알고 있었다. 우의정 김수항은 선원들이 서울에 오면 그들에 대해서 자세히 알 수 있을 것이라고 말했는데, 이 말은 서울에서는 지방에서 했던 것보다 좀 더 자세한 조사가 있을 것임을 예고한 것이다. 그리고 좌의정 민정중은 난파선에 실려 있던 책들이 중국에서 일본으로 수출하는 불경이라고 말했다. 적어도 조정의 상층부에서는 난파선에 대한 정확한 정보를 갖고 있었던 것이 분명하다. 그러나 이 정보가 당시 일반인이나 불교계에도 전해졌는지는 알 수 없다.

숙종은 난파선에서 나온 천 권 정도의 불경을 모두 남한산성에 있는 절에 주라고 했고, 당시 남한산성 안에 있던 절 가운데 중심 사찰이었던 개원사가 이를 받았다고 한다. 그런데 개원사는 20세기 들어와서 한동안 거의 폐사 상태에 놓여 있었으므로, 숙종이 하사한 불경이 어떻게 되었는지 현재로서는 알 수 없다. 이렇게 개원사로 보낸 것 말고도 상당한 양의 불경이 있었는데, 바닷가 주민들이 주워 근처의 사찰에 전해 주었다고 한다.

많은 양의 중국 불경이 조선에 전해진 셈인데, 이 불경의 정체에 대해서는 오랫동안 제대로 알려지지 않았다. 근래 이 문제를 다룬 연구자들에 의하면 이 불경은 일반적으로 '가흥대장경(嘉興大藏經)'이라고 불리는 것으로, 명나라 때인 1579년에 제작에 대한 논의를 시작해서 청나라 때인 1677년에 목판 제작이 끝났다고 한다. 약 100년에 걸쳐 완성한 이 대장경의 한 가지 특징은 판매용 불경이라는 점이다.

명나라에는 국가에서 제작한 두 종류의 대장경이 있어서, 하나는 북경의 궁궐 안에 두었고 다른 하나는 남경의 대보은사에 두었다. 북경에 있는 것은 아무나 쉽게 인쇄할 수 없었지만, 남경에 있는 것은 비용을 내기만 하면 인쇄할 수 있었다. 남경의 대장경 목판은 15세기 초에 제작된 이래 200년 동안 너무 많이 찍어 내서 인쇄의 품질이 떨어졌다. 그러자 16세기 후반에 자연스럽게 민간에서 새로운 대장경을 제작하자는 논의가 일어나게 된다.

가흥대장경의 목판을 제작하는 데는 약 100년이 걸렸는데, 먼저 완성된 부분은 인쇄해서 판매하였다. 중국 국내만이 아니라 일본으로도 수출하여, 17세기 말 일본에서는 이를 그대

로 복제하여 새로 대장경을 간행했다. 일본 에도시대 '황벽장'
이라고 하는 것이 바로 가흥대장경을 바탕으로 만든 것이다.

1681년 임자도 앞바다에 표류한 난파선에서 나온 불경이 바
로 가흥대장경이다. 원래는 가흥대장경 전체가 실려 있었는데,
배가 난파되면서 조선에서 그 일부만 수습한 것으로 연구자들
은 파악하고 있다. 그런데 이 불경이 한국 불교사에서 중요한
역할을 맡게 된다.

백암 대사의 『화엄경소초』 간행

난파선에서 불경이 나왔다는 소식은 당시 조선 불교계에도
전해졌는데, 전라도 영광 불갑사에 있던 승려 백암성총(1631~
1700)도 그 소식을 들었다. 불갑사는 임자도에서 멀지 않은 곳
이므로 백암 대사는 여기저기 수소문해서 상당수의 불경을 얻
을 수 있었다. 그 가운데 『대방광불화엄경수소연의초(大方廣佛
華嚴經隨疏演義鈔)』도 있었다. 이 책은 9세기 초에 중국의 청량
징관(738~839)이 쓴 화엄경의 주석서로, 줄여서 『화엄경소초』
라고 한다. 법화경과 함께 대승불교의 가장 중요한 경전인 화
엄경은, 원래 명칭이 '대방광불화엄경'으로 "꽃으로 장식한 넓
고도 큰 부처님의 가르침"이라는 의미이다.

우리나라에서 화엄경을 간행한 역사는 유구하다. 현재 보물

로 지정된 구례 화엄사의 화엄석경이 가장 오래된 것으로, 7세기 무렵에 제작한 것으로 추정된다. 원래는 화엄경 전체를 돌에 새겼으나, 일찍이 파괴되어 현재는 약 만 개의 부서진 조각만이 남아 있다.

신라시대에 이렇게 화엄경을 돌에 새겨 보관한 이래, 본문과 함께 주석한 내용을 목판에 새겨서 인쇄한 것이 여러 가지 있다. 그중에서 가장 중요한 책이 『화엄경소초』이다. 대각국사 의천은 『화엄경소초』를 간행해서 고려시대 화엄경 연구에 커다란 도움을 주었으나, 조선에 들어와서 불교 탄압이 시작되면서 이 책은 더이상 간행되지 못했다. 즉, 백암 대사가 난파선에서 나온 불경을 모으던 시기에 조선에서는 『화엄경소초』를 구해 볼 수 없었다.

불교 신앙이 자유로웠으면 이처럼 중요한 책의 전승이 끊어질 리 없고, 설사 책이 없어졌다 하더라도 중국을 통해서 얼마든지 구할 수 있었을 터이다. 그러나 조선시대에 들어와서는 불교의 맥이 끊어지지 않도록 하는 일이 급선무였으므로, 조선의 승려들에게는 화엄경 연구를 위해 이 책을 돌아볼 여유가 없었다.

그런데 임진왜란에서 승려들의 활약상은 조선의 전 계층에 깊은 인상을 남겨서, 불교의 입지는 그 전보다 조금 넓어졌다고 말할 수 있다. 불교에 대해 극렬하게 반대했던 유학자들도 불교를 탄압하기보다는, 불교의 이념이 주자학에 도전하지 못하도록 하는 정도에서 그쳤던 것 같다. 완전히 불교를 금하는 것 말고는 더이상 탄압할 것조차 남아 있지 않았는지도 모른다. 유학자들의 불교 배척은 상상을 초월하는 것이었다.

백암 대사가 『화엄경소초』를 간행한 것은 바로 이런 시기였다. 그는 난파선에서 나온 것을 바탕으로 새로 목판을 새겼는데, 목판 3,200장 정도의 분량이다. 목판 한 장에는 앞뒤로 네 페이지가 들어가므로, 요즘으로 치면 300페이지짜리 책 40권 정도가 된다. 최근 이 책의 한글 번역본이 나오기 시작했는데, 완간이 되면 전체 100권에 이를 것이라고 한다. 『화엄경소초』가 어느 정도 방대한 양인지 짐작할 수 있다. 이처럼 많은 분량의 목판을 제작하려면 상당한 시간과 경비가 드는데, 백암 대사는 1년 만에 이 일을 끝냈다. 전라도의 여러 사찰을 참여시켜서 짧은 기간에 간행 사업을 마무리할 수 있었다.

조선 불교계의 화엄경 연구

백암 대사가 1690년 간행한 80권본 『화엄경소초』는 조선의 화엄경 연구에 새로운 계기가 되었다. 그러나 전라도 낙안의 징광사에서 보관하던 목판이 1770년 겨울에 난 화재로 모두

재가 되고 말았다. 당시 불교계에서는 설파상언 대사를 중심으로『화엄경소초』의 간행 사업을 다시 일으켰는데, 전라도와 충청도의 여러 사찰이 참여하여 약 1년에 걸친 작업 끝에 1775년에 다시 목판을 완성하였다. 그리고 이 목판을 전라도·충청도·경상도의 경계에 있던 덕유산의 영각사에 비치했다.

그 후 약 80년이 지난 1856년에 봉은사에서 또다시『화엄경소초』의 목판 간행이 이루어진다. 이 작업은 남호영기 대사가 맡았다. 새로 간행하는 이유로 영각사의 목판이 닳아서 글자가 선명하지 않고, 또 영각사가 남쪽에 있어서 서울 쪽에서는 책을 인쇄해서 널리 퍼뜨리기에 어렵다는 점을 들었다. 이 간행 사업도 1년 만에 마쳤다.

징광사의 목판은 이유를 알 수 없는 화재로 사라지고, 영각사의 목판도 6.25의 전란 속에서 잿더미로 변했다. 그렇지만 봉은사의 판목은 건재하다. 현재 서울 강남의 봉은사에는『화엄경소초』와 관련하여 서울시 유형문화재로 지정된 것이 두 점 있다. 하나는 3,000여 장의 목판이고, 다른 하나는 목판을 보관하기 위해 지은 수장고의 현판이다. 현판이 문화재가 된 것은 그 글씨를 추사 김정희가 썼기 때문이다. 추사가 세상을 뜨기 사흘 전에 이 현판의 글씨를 썼다고 전해진다.

1681년 신안 앞바다에 난파한 중국 선박에서 건져 올린 불경은 조선 후기 세 번에 걸친 목판 제작을 불러왔고, 조선 불교계에 화엄학을 꽃피우는 데 커다란 역할을 했다. 3,000장이 넘는 목판을 세 번 모두 1년 남짓한 짧은 기간 안에 만들어 냈다는 것은 조선 불교의 저력을 보여 주는 것이기도 하다. 여러 가지 억압 속에서도 조선의 불교계는 굳세고 끈질기게 버티면서 뛰어난 승려들을 배출했고, 이들 고승은 커다란 사업을 이루어 냈다.

『화엄경소초』의 간행은 불교 서적의 출판일 뿐만 아니라, 조선시대 출판 문화의 한 부분이다. 그리고 이처럼 방대한 서적을 관청이 아닌 사찰에서 간행했다는 데에 커다란 의의가 있다. 조선시대에는 사찰에서 불교 관련 이외에도 상당히 많은 서적을 간행했으며, 목판을 새기는 각수(刻手) 가운데는 승려가 많았고, 또 종이의 생산도 사찰에서 담당하는 경우가 많았다. 조선시대 인쇄 문화를 연구하기 위해서는 사찰의 서적 간행을 빼놓아서는 안 된다.

또 한 가지 짚어야 할 부분은 조선 후기 화엄경에 대한 연구이다. 신규탁 교수의 연구에 의하면, 백암 대사가 『화엄경소초』를 간행한 이후에야 화엄경을 완벽하게 해독할 수 있었다고 한다. 세 번에 걸친 『화엄경소초』의 간행이 있었기에 조선 불교계는 화엄경을 깊이 이해할 수 있었고, 이를 바탕으로 여러 고승들이 저마다 특색이 있는 화엄경 해설서를 저술했다.

조선시대 승려들의 화엄경 연구는 단지 불교학 연구에서만 다룰 문제가 아니라, 한국의 학문적 전통 전체의 일부로 다루어야 한다. 철저하게 국가의 보호 아래 이루어졌던 유교에 대한 학문적 업적은 높이 평가하면서, 아무런 보호도 받지 못한 채 스스로의 힘만으로 이루어 낸 승려들의 학문적 업적에는 아무런 관심도 표명하지 않는다면, 이는 그나마 얼마 되지 않는 한국의 학문 전승을 더욱 쪼그라뜨리는 일이 아닐 수 없다.

참고문헌

1 암호

이윤석, 「방각본 배접지에 들어 있는 정보」, 한국고전문학회 제275차 학술발표회, 2016.
이윤석, 「고서의 배접지에서 찾은 자료 몇 가지」, 『근대서지』 21, 2020.
이태영, 「배지를 활용한 완판본 연구」, 『열상고전연구』 49, 2016.

2 봉수대

이윤석, 「『춘향전』과 『한양가』에 나오는 봉화」, 『인문과학』 98, 2013.
김주홍, 「조선시대 내지봉수의 구조 형태」, 『충북사학』 25집, 2010.
방상현, 「조선시대 봉수군의 신분과 생활」, 『사학연구』 58, 59집, 1999.
Percival Lowell, *Chosön: The Land of the Morning Calm*, Ticknor and Company, Boston, 1886.

3 과거 시험

이윤석, 『조선시대 상업출판』, 민속원, 2016.
박현순, 『조선후기의 과거』, 소명출판, 2014.
『일성록』, 1891년 2월 29일.

4 한양 구경

이윤석, 「방각본 한양가 연구」, 『열상고전연구』 39집, 2014.
이윤석, 김유경, 『남훈태평가 한양가』, 연세대학교출판문화원, 2014.
한영우, 『정조의 화성행차』, 효형출판, 2007.

5 뗏목

이윤석, 『도남문고본 춘향전』, 경인문화사, 2012.
박민일, 「북한강 뗏목」, 『강원문화연구』 12, 1993.
김희찬, 「남한강의 뗏목」, 『한국문화연구』 9, 2004.
권선경, 「서울 부군당굿에서 「황제풀이」의 의미」, 『비교민속학』 41, 2010.

6 얼음

정약용, 『목민심서』 호전(戶典) 6조, 한국고전종합DB.

1872년 지방지도, 규장각 한국학연구원 소장본.

고동환, 「조선후기 경강의 냉장선 빙어선(氷魚船) 영업과 그 분쟁」, 『서울학연구』 69, 2017.

김진백, 「우리나라 빙장선 도입 시기에 관한 소고」, 『해양정책연구』 33-2, 2018.

7 유리

이윤석, 「춘향전 연구자들의 상상력」, 『연민학지』 27, 2017.

강명관, 『조선에 온 서양 물건들』, 휴머니스트, 2015.

박진경, 「조선 후기 유리거울의 수입과 공예품의 특징」, 『문화재』 52-4, 2019.

'유엔 국제 유리의 해(United Nations International Year of Glass)' 홈페이지.

8 청어

이윤석, 『향목동 세책 춘향전』, 경인문화사, 2011.

한민경, 「「난호어목지」와 「전어지」의 비교 연구」, 『서지학연구』 47, 2010.

이대화, 「'구룡포 과메기'의 역사문화적 변천」, 『역사민속학』 57, 2019.

노천명, 「시골뜨기」, 1949.

9 주막

이윤석, 「주막(酒幕)과 마방(馬房)」, 『근대서지』 23, 2021.

릴리어스 호톤 언더우드, 『언더우드 부인의 조선 견문록』, 김철 옮김, 이숲, 2010.

Isabella Bird Bishop, *Korea and Her Neighbors*, Fleming H. Revell Company, 1897.

今村鞆, 『增補朝鮮風俗集』, ウツボヤ書籍店, 1919.

10 호랑이

최남선, 「봉길이 지리 공부」, 『소년』 창간호, 1908.

김강산, 『호식장(虎食葬)』, 태백문화원 향토문화연구소, 1988.

심승구, 「조선시대 사냥의 추이와 특성」, 『역사민속학』 24, 2007.

『충청병영계록(忠淸兵營啓錄)』, 『남원현공사(南原縣公事)』 등, 한국고전종합DB.

11 도적

이윤석, 『홍길동전』, 연세대학교출판문화원, 2014.

이윤석, 「황일호(黃一皓)의 한문『홍길동전』 발견과 그 의미」, 『한국연구』 1, 2019.

이익, 「임거정(林巨正)」, 『성호사설』 14, 한국고전종합DB.

『숙종실록』 장길산 관련 기사, 한국고전종합DB.

12 김삿갓

장지연, 『대동시선(大東詩選)』, 신문관, 1918.

이응수, 『상해(詳解) 김립시집』, 학예사, 1939.

허휘훈, 「북한 학계의 김삿갓과 그 시문학에 대한 연구 실태」, 『한중인문학연구』 41, 2013.

심경호, 「김삿갓 한시에 대한 비판적 검토」, 『한문학논집』 51, 2018.

13 황산대첩비

이윤석, 『완역 용비어천가』 상·중·하, 효성여자대학교 전통문화연구소, 1992~1994.

이윤석, 「용비어천가의 문학적 가치」, 『경산문화연구』 3, 1999.

오세탁, 「일제의 문화재정책」, 『문화재』 29, 1996.

김민규, 「황산대첩비 연구」, 『고궁문화』 9, 2016.

14 판소리

이윤석, 「고수관이 부른 노래는 판소리인가」, 『열상고전연구』 33, 2012.

김동욱, 『한국가요의 연구』, 을유문화사, 1961.

「판소리」, 문화재청 국가문화유산포털.

『하재일기(荷齋日記)』, 한국고전종합DB.

15 세책

이윤석, 정명기, 「세책 고소설 연구의 현황과 과제」, 『세책고소설연구』, 혜안, 2003.

전상욱, 「세책 총목록에 대한 연구」, 『열상고전연구』 30, 2009.

유춘동, 『세책과 방각본』, 국립중앙도서관, 2016.

長友千代治, 『近世貸本屋の硏究』, 東京堂出版, 1982.

16 방각본

이윤석, 「방각본 연구의 몇 가지 문제」, 『열상고전연구』 29, 2010.

이윤석, 「상업 출판의 관점에서 본 19세기 고지도」, 『열상고전연구』 38, 2013.

이윤석, 「한문 방각본의 성격에 대하여」, 『고전문학연구』 47, 2015.

이기봉, 『근대를 들어 올린 거인, 김정호』, 새문사, 2011.

김동욱, 「방각본에 대하여」, 『동방학지』 11, 1970.

17 점

이윤석, 「『직성행년편람』과 『만보오길방』 이본 연구」, 『한국연구』 9, 2021.

김만태, 「정초(正初) 점복풍속에 관한 연구」, 『민속학연구』 26, 2010.

『卜筮正宗全書』, 校經山房藏板, 光緖己丑(1889).

모리스 쿠랑, 『한국서지』, 이희재 옮김, 일조각, 1997.

18 달력

이윤석, 『조선시대 상업출판』, 민속원, 2016.

성주덕, 『서운관지』, 이면우 외 옮김, 소명출판, 2003.

박권수, 「조선의 역서(曆書) 간행과 로컬사이언스」, 『한국과학사학회지』 35-1, 2013.

19 『삼국유사』

이윤석, 「『삼국유사』에 들어 있는 '夢' 자에 관한 소고」, 『한국전통문화연구』 1, 1985.

이윤석 외, 『한국 고전문학 읽기의 맥락과 지평』, 민속원, 2015.

고운기, 『도쿠가와가 사랑한 책』, 현암사, 2009.

연세대학교 박물관 편, 『파른본 삼국유사 교감』, 해안, 2016.

20 불경

다카하시 도루, 『조선시대 불교통사』, 이윤석 외 옮김, 민속원, 2020.

이지관, 「한국 불교에 있어 화엄경의 위치」, 『불교학보』 20, 1983.

이종수, 「숙종 7년 중국 선박의 표착과 백암성총의 불서 간행」, 『불교학연구』 21, 2008.

이미정, 「명말 강남 사대부의 佛學 유행과 『嘉興大藏經』 開版」, 『명청사연구』 42, 2014.

찾아보기

조선사 스무고개
고소설 연구자가 발견한 역사의 조각들

초판 1쇄 발행 2023년 2월 15일

지은이 이윤석

디자인 신병근, 선주리

펴낸곳 한뼘책방

등록 제25100-2016-000066호(2016년 8월 19일)

전화 02-6013-0525

팩스 0303-3445-0525

이메일 littlebkshop@gmail.com

인스타그램, 트위터, 페이스북 @littlebkshop

ISBN 979-11-90635-15-8 03910